Christine-Ruth Hansmann **Treppen in der Architektur**

Christine-Ruth Hansmann

Treppen in der Architektur

Gestaltung,
    Entwicklung,
        Technik und
            Ausführung

Deutsche Verlags-Anstalt Stuttgart

Die Deutsche Bibliothek – CIP-Einheitsaufnahme

Hansmann, Christine-Ruth:
Treppen in der Architektur:
Gestaltung, Entwicklung, Technik und Ausführung/
Christine-Ruth Hansmann.–
Stuttgart: Deutsche Verlags-Anstalt, 1996
ISBN 3-421-03051-0

2. Auflage 1996
© 1993 Deutsche Verlags-Anstalt GmbH, Stuttgart
Alle Rechte vorbehalten
Lektorat: Nora von Mühlendahl
Typographische Gestaltung: Brigitte Müller
Satz und Druck: Druckerei Wagner GmbH, Nördlingen
Reproduktionen: E. Schreiber, Grafische Kunstanstalt, Stuttgart
Bindearbeiten: Großbuchbinderei Monheim, Monheim
Printed in Germany

ISBN 3-421-03051-0

Inhalt

Vorwort 7

1.0 Einführung 9
1.1 Historische Anmerkungen 11
1.2 Treppen in anderem Kontext 14
1.3 Formale Entwicklung 16
1.4 Die Treppe als Architekturelement 19

2.0 Funktion, Anordnung und Anforderungen 21
2.1 Funktion 22
2.2 Anordnung 22
2.2.1 Treppe im Raum 23
2.2.2 Treppenhaus 24
2.2.3 Außentreppen 26
2.3 Anforderungen 27
2.3.1 Allgemeine Anforderungen 27
2.3.2 Mindestanforderungen 28
2.3.3 Anforderungen für besondere Personengruppen 31
2.4 Planungskonzept 32

3.0 Technische Grundlagen 33
3.1 Grundbegriffe 34
3.2 Hauptmaße 35
3.3 Terminologie 36
3.4 Darstellung 41
3.4.1 Entwurfsplanung 41
3.4.2 Ausführungsplanung 41
3.4.3 Modellbau 41
3.4.4 Darstellungsbeispiele 42

4.0 Geometrie und Treppenformen 45
4.1 Platzbedarf 46
4.1.1 Gerade Treppen 47
4.1.2 Treppen mit gebogenen Läufen 47
4.1.3 Treppen mit geraden und gebogenen Läufen 47
4.2 Wendel- und Spindeltreppen 48
4.2.1 Entwurfsüberlegungen 48
4.2.2 Berechnungen 49
4.3 Steiltreppen 50
4.4 Geometrische und rechnerische Verziehmethoden 52
4.4.1 Verziehen der Stufen 52
4.4.2 Abschweifen der Stufen 53
4.4.3 Abwicklungsmethode 53
4.4.4 Halbkreismethode 54
4.4.5 Proportionalteilung 54
4.5 Treppenuntersicht, Stufen- und Wangenschnitt 56

5.0 Konstruktionssysteme 57
5.1 Schwere Konstruktionen 57
5.1.1 In Querrichtung 57
5.1.2 In Längsrichtung 57
5.2 Leichte Konstruktionen 58

6.0 Massivtreppen 59
6.1 Allgemeines 60
6.2 Treppen aus Natur- oder Kunststein 60
6.2.1 Material 60
6.2.2 Konstruktionsprinzipien 61
6.2.3 Details 63
6.3 Stahlbetontreppen 64
6.3.1 Allgemeines 64
6.3.2 Ortbetontreppen 64
6.3.3 Fertigteiltreppen 64
6.3.4 Konstruktionssysteme 64
6.3.5 Details 66
6.4 Schallschutz 73
6.5 Standsicherheit 77
6.6 Beispiele für Massivtreppen 77
6.7 Außentreppen 85

7.0 Holztreppen 89
7.1 Allgemeines 90
7.2 Konstruktionssysteme/Bauarten 90
7.2.1 Blocktreppen 90
7.2.2 Aufgesattelte Treppen 91
7.2.3 Gestemmte und eingeschobene Treppen ... 91
7.2.4 Wendel- und Bogentreppen 92
7.2.5 Spindeltreppen 94
7.2.6 Aufgehängte Treppen 96
7.2.7 Konsoltreppen 96
7.2.8 Steiltreppen 97
7.3 Details 98
7.3.1 Antritt, Austritt und Podest 98
7.3.2 Wangenstoß und Krümmling 106
7.3.3 Stufenbefestigung und Stufenvorderkanten .. 109
7.3.4 Geländer und Handlauf 112
7.4 Schallschutz 114
7.5 Werkstoff und Verarbeitung 114
7.6 Standsicherheit/Bemessung 116
7.6.1 Trittstufen für Wangentreppen und für aufgesattelte Treppen 116
7.6.2 Treppenwangen für gestemmte und halbgestemmte Treppen 117
7.6.3 Tragholme für aufgesattelte Treppen 117
7.7 Sanierung 118
7.8 Beispiele für Holztreppen 119

8.0 Stahltreppen 125
8.1 Allgemeines 126
8.2 Konstruktionssysteme/Bauarten 126

8.2.1 Zwei-Wangen-Treppen 126
8.2.2 Zwei-Holm-Treppen 127
8.2.3 Ein-Holm-Treppen 127
8.2.4 Krag- und Hängetreppen 128
8.2.5 Wendeltreppen 129
8.2.6 Spindeltreppen 131
8.2.7 Fertigteil- und Nottreppen 132
8.3 Details 135
8.3.1 Antritt, Austritt und Podest 135
8.3.2 Stufen (Beläge, Befestigung und
 Unterkonstruktion) 138
8.3.3 Geländer und Handlauf 141
8.4 Schallschutz 145
8.5 Standsicherheit/Bemessung 145
8.6 Beispiele für Stahltreppen 146

9.0 Anhang 157
9.1 DIN-Normen 157
9.2 Richtlinien, Gesetze und Vorschriften 172
9.3 Zeitschriften, Produktinformationen und
 Adressen 173
9.4 Literaturnachweis 174
9.5 Bildnachweis 175

Vorwort

Das vorliegende Werk bietet einen Einblick in das breite Spektrum der Treppen. Es geht hierbei nicht nur um das Planen, Entwerfen oder Ausführen von Treppen, sondern auch um die historischen Inhalte.
Treppen sind weitaus mehr als begehbare Verbindungskonstruktionen. Sie spielten und spielen noch heute eine wichtige Rolle in der Darstellung von Macht und gesellschaftlicher Hierarchie. Ihre Symbolik ist aus vielen Bereichen der Kunst und auch in der Werbung nicht mehr wegzudenken. Sie sind Gestaltungselemente und beeinflussen im großen Maße die Aussagekraft und Funktionalität von Gebäuden innen und außen.
Das Buch möchte auch einen Einstieg in die Randbereiche vermitteln. Der Leser, ob Laie oder Fachmann, soll in die Geschichte sowie in die Bedeutung von Treppen eingewiesen werden.
Die Materialkunde ist unabdingbare Voraussetzung für das Detaillieren von Treppenkonstruktionen und ermöglicht erst die Planung von gestalterisch aufwendigen und materialgerechten Treppenanlagen. Nur mit dem Wissen über die Verwendungsmöglichkeiten der vielfältigen Baustoffe ist das Umsetzen von planerischen und gesetzlichen Möglichkeiten in die gebaute Realität möglich.
Spezielle Fachliteratur soll dadurch nicht ersetzt, sondern leichter zugänglich gemacht werden.
Die moderne Computertechnik (CAD) hat auch Einzug in den Baubereich der Treppen gehalten. Sie ist bisher nur wenigen Anwendern verfügbar, was sich sicher in Zukunft ändern wird. Doch auch dann befreit dies nicht von der Kenntnis der Grundlagen des Entwerfens und Konstruierens sowie der umfangreichen Regelwerke der Gesetze und Normen.
Das zahlreiche Bildmaterial steht beispielhaft für die vielfach gelungenen Treppen im In- und Ausland.
Die aufgeführten Literaturquellen und Adressen geben einer weiteren Vertiefung Spielraum.
Angaben zu Maßanforderungen, Baurechtsvorgaben, Richtlinien etc. erfolgten nach bestem Wissen, ein Rechtsanspruch darauf besteht nicht.
Bei allen, die mir bei der Realisierung dieses Buches geholfen haben, bedanke ich mich herzlich.
Stellvertretend für viele sind besonders Professor Peter Kaup, Christine Saebel, Helga Schwarze, Eberhard Kleffner, die Arbeitsgemeinschaft Holz e.V., Herr Schwaner, und die Beratungsstelle für Stahlverwendung zu nennen.

Christine-Ruth Hansmann

1.0 Einführung

Pieter Bruegel d. Ä.:
Der Turmbau zu Babel

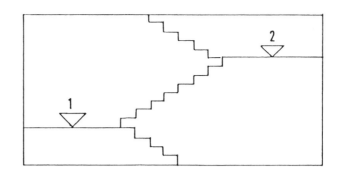

Die Treppe bildet das Verbindungselement zwischen zwei unterschiedlichen Ebenen. Nach der Formulierung im Brockhaus gliedert sie eine schiefe Ebene in senkrechte Steigungen und waagerechte Auftritte, die Stufen. Von einer »Treppe« wird dann gesprochen, wenn ein Treppenlauf mit mindestens drei Stufen zwischen zwei Ebenen besteht.

Die Treppe dient als vertikaler Verkehrsweg zur Überwindung von Höhendifferenzen mit möglichst geringem Kraftaufwand. Diese Aufgabe erfüllen darüber hinaus:
A Leitern
B Rampen
C Fahrtreppen und Fahrsteige
D Aufzüge

Der italienische Baumeister Vincenzo Scamozzi schrieb 1615: »Unter allen Architekturteilen sei die Treppe zweifelsohne für das Gebäude das, was die Adern, Arterien und Venen im menschlichen Körper sind. Wie diese das Blut in alle Glieder bringen, so seien jene, ähnlich kunstvoll und verzweigt angelegt, zur Kommunikation notwendig.« Im übertragenen Sinne stellt die Treppe das Herz eines Gebäudes dar, das dieses mit Leben erfüllt.

Die Treppe steht zugleich für eine Dimension der Zeit. Beim Beschreiten einer Treppe findet auch ein Ablauf statt.

Treppenanlagen und ihre Stufen sind rhythmisch angelegt. Die Auswirkung wird deutlich, wenn man die Stufen beim Hinauf- oder Heruntergehen abzählt.

Der Natur nach ist die Treppe dreidimensional. Ihre Ausrichtung ist die abgestufte Schräge und ihre optische Wirkung die sich ständig beim Begehen verändernde Perspektive. Diesen Eindruck verstärkt die Vertikale als Linie der Bewegung sowohl nach oben als auch nach unten.

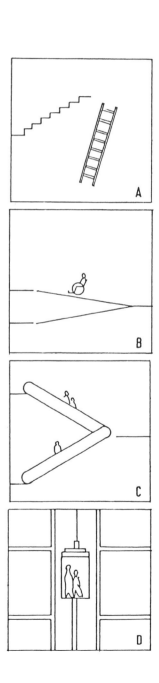

1.1 Historische Anmerkungen

Die Geschichte der Treppe läßt sich bis in die frühesten Anfänge menschlicher Siedlungen zurückverfolgen. Schon die ersten Pfahlbauten wurden über Leitern erschlossen. Bei Pfahlbauten jüngeren Datums sind die ersten Ansätze von Treppenausbildungen erkennbar. Der Ursprung war zunächst zweckbedingt. Im Laufe der Zeit floß ein sakraler Charakter in dieses Bauelement ein. Die Treppe diente im übertragenen Sinne zum Erklimmen göttlicher Höhen, als Verbindung zwischen Himmel und Erde. Dafür steht beispielhaft die Sage vom Turmbau zu Babel, einer spiralförmigen Rampe. Die biblische Jakobsleiter, die Stufenpyramiden in Ägypten, die sogenannte Himmelsleiter im chinesischen Shantung und die astronomischen Stufentreppen in Indien gehören in diese Reihe. Wie die meisten dieser Objekte, so dienten damals auch die indischen Treppenanlagen zusätzlich wissenschaftlichen Zwecken. Allen derartigen Treppen ist gemeinsam, daß sie den mühsamen, gefährlichen Aufstieg zur Sonne, zum Licht und zu den Gottheiten symbolisieren.

Stufen zu einer Zisterne in Mykene, Griechenland, ca. 1100 v. Chr.

Amphitheater in Epidauros, Griechenland, 4. Jahrh. v. Chr.

Pyramide von Kukulkan, Mexiko

Die »Himmelsleiter« auf dem heiligen Berg Taishan in Shantung, China

*Äquatorial-Sonnenuhr
»Samrat Yantra« der Sternwarte
Jai Singh's in Delhi, Indien,
errichtet 1724*

*Freitreppe am
Schloß Belvedere in Wien,
1693–1724
Arch.: Johann Lukas v. Hildebrandt*

Die Weiterentwicklung der Leiter zur Treppe wurde notwendig, als die ersten mehrgeschossigen Bauten entstanden. Sie waren zuerst, wie auch die Leitern, außen am Gebäude plaziert. Bauten in Indien und Mesopotamien, die um 2000 vor Chr. entstanden sind, weisen bereits imposante Treppenanlagen auf.

Diese, teilweise auch als Freitreppen errichtet, hatten außer der religiösen Bedeutung noch die Aufgabe, den jeweiligen Standort hervorzuheben. So wurden repräsentative Bauten, ob religiöser oder weltlicher Natur (Kirchen und Paläste), oft am höchsten Punkt des Ortes errichtet und häufig zusätzlich über großartige Treppenanlagen erschlossen.

Im Mittelalter wurden die Treppen meistens in den Türmen und Erkern der Burgen und Klöster angeordnet. Grund dafür waren statische Probleme mit dem Material und strategische Überlegungen zur Verteidigung dieser Gebäude.

Während der Renaissance und vor allem in der Zeit der Aufklärung begannen sich die Menschen aus den strengen religiösen und feudalherrschaftlichen Zwängen zu lösen. Dieses läßt sich auch in einer veränderten Gestaltung der Treppen nachvollziehen. So entstanden einladende, geräumige und repräsentative Treppen. Der Einfluß der Treppe auf die Fassadengestaltung nahm zu. Großflächige Fenster und Türanlagen markierten die dahinterliegende Treppe. Sie durchbrach teilweise die Gebäudehülle und gewann damit an Wirkung für den Außenraum. Die Treppe wurde in den Vordergrund gerückt, um staatliche und fürstliche Repräsentationsaufgaben zu übernehmen. Als Zeichen von Autorität und Macht gegenüber dem Volk wurden die imposanten Treppenanlagen von Kirchen und Schlössern gezielt plaziert.

In der Barockzeit verlagerte sich die Treppe ins Gebäudeinnere und verschmolz nun mit dem Bauorganismus, sie wandelte sich von einem äußeren Attribut zu einem integrierten Baubestandteil. Sie wurde zum Laufsteg, auf dem sich das Leben als vorübergehender Vorgang im Auf- und Abstieg präsentierte, aber auch zu einer Schaubühne der persönlichen Geltungsansprüche. Beispielhaft dafür steht die Würzburger Residenz.

Die Lebensumstände des Bürgertums vor der Jahrhundertwende sind auch im Treppenbau ablesbar: im Eingangsbereich großzügige und aufwendig gestaltete Treppenläufe und -geländer. In jedem weiteren Stockwerk wurde das Treppenhaus schlichter bis zur schmalen Stiege im Dachgeschoß. Die gesellschaftliche Reputation der Bewohner eines Miethauses nahm mit jedem höheren Stockwerk ab.

*Schloß Hartenfels in Torgau, 1533–1535
Arch.: Konrad Krebs*

*Treppenhaus in der Residenz Würzburg, 1720–1744
Arch.: J. Balthasar Neumann*

*Spanische Treppe in Rom, 1721–1725
Arch.: Alessandro Specchi und Francesco de Sanctis*

1.2 Treppen in anderem Kontext

Treppen in der Kunst
In der Malerei wird eine Treppe oft dargestellt, um Perspektive zu erzeugen oder um die Raumwirkung zu verstärken.
Beispiele für die Verwendung von Treppen in der Bildkunst sind die Darstellungen mittelalterlicher Krönungszeremonien oder die Architekturphantasien von Giovanni Battista Piranesi.
Treppen dienen auch als Elemente der optischen Täuschung, etwa in den Raumobjekten von Hans-Peter Reuter. Dieser Künstler läßt körperlich existierende Stufen in einen gemalten dreidimensionalen Raum hineinlaufen, so daß der Unterschied für den Betrachter nicht mehr erkennbar ist. Ein weiterer Künstler, der das Thema Treppen in seinen Bildern immer wieder aufgreift, ist Maurits Cornelis Escher. Hier werden die Treppen endlos treppauf und treppab dargestellt. Der Münchener Künstler Hans-Jörg Voth baute sogar eine Himmelstreppe in die marokkanische Wüste.

Treppen im Theater
Im Theater wird die Treppe oft als dramaturgisches Element eingesetzt. Ein gutes Beispiel ist das während der russischen Revolution erstellte Bühnenbild von V. A. Schestakov für das Stück »Theater der Revolution«. Er entwarf eine Bühnentreppe, die zugleich als Signum und Schauplatz der Revolution diente.
Auch in vielen Bühnenshows wird die Treppe als Präsentierteller der Stars und sogenannten Publikumslieblinge verwendet, zum Beispiel in den großen amerikanischen Revuen.

Treppen im Film
Im Film wird die Treppe als Bedeutungsträger eingesetzt. Bekannt dafür ist der Film »Panzerkreuzer Potemkin«, der 1925 von Sergej Eisenstein gedreht wurde. Das Stürmen der Treppe ist dort Symbol für die Okkupation der gesellschaftlichen Pyramide, wobei man schon im Augenblick des Triumphes erahnen kann, daß diese Revolution nur die Inbesitznahme, jedoch nicht die Änderung der Stufenordnung der Gesellschaftsstruktur erreichen wird.
In neueren Filmen wird die Treppe häufig als Schauplatz wichtiger Szenen gewählt, wie in dem 1971 entstandenen Hitchcock-Film »Frenzy«, wo der Zuschauer mit Hilfe der Kameraführung eine Treppe aufwärts zum Tatort geführt wird. Ein anderer Film, in dem die Treppe eine große Rolle spielt, ist »Der Mieter« von Roman Polanski.
Diese Beispiele sollen zeigen, daß Treppen in vielen Lebensbereichen eine wichtige Rolle spielen. Nicht vergessen sei noch die Werbung, in der Treppen wirkungsvoll eingesetzt werden.

Giovanni Battista Piranesi:
»Carceri«, Blatt VIII, 2. Fassung
1761

Hans-Peter Reuter:
Raumobjekt, Documenta 1977
Öl auf Leinwand, 3,70 x 4,15 m
Museum Fridericianum, Kassel

W. A. Schestakow:
Bühnenentwurf für das
Revolutionsstück
»Theater der Revolution«,
Moskau

Sergej Eisenstein:
Treppenszene aus dem Film
»Panzerkreuzer Potemkin«,
1925

1.3 Formale Entwicklung

Treppen sind, wie alle Bauelemente, in ihrer Form und Ausstattung ein Spiegelbild der Kulturgeschichte.

In der Antike spielten die formalen Ansprüche an Treppen noch eine untergeordnete Rolle. Die materialbedingten Vorgaben, Holz und Naturstein, waren formgebend. Im Mittelalter wurden die Treppen in Burgen und Klöstern überwiegend als Wendeltreppen ausgebildet.

Mit Beginn der Frührenaissance werden erste formale Ansprüche erkennbar. Vermehrt wurde auch Gewicht auf Bequemlichkeit gelegt.

Die prunkvolle Gestaltung und Gliederung von außen- und innenliegenden Treppenanlagen begann aber in der Hochrenaissance und erreichte ihren Höhepunkt im Barock. Phantasievolle Treppenformen prägen die Schloßanlagen aus jener Zeit.

Beispiel für den baugeschichtlichen Wandel ist die Wiederholung des antiken Formenkanons im Klassizismus. Diese klare Formensprache wird auch bei den Treppen sichtbar.

Die Treppen des Jugendstils zeichnen sich durch schwungvolle Treppenführungen, kunstvoll gestaltete Geländer und reiche Ornamentik aus.

Um die Jahrhundertwende gewannen die neu entdeckten Baustoffe Stahl und Stahlbeton zunehmend Einfluß auf die Treppenarchitektur. Die neuen Konstruktionen ermöglichen eine lebendige Formensprache.

Zu Beginn dieses Jahrhunderts und mit den Anfängen der modernen Architektur vollzog sich auch ein Wandel

Aufstieg zur Festung Palamidi bei Naŭplion, Griechenland

Schloß Sanssouci in Potsdam, 1745–1747
Arch.: Georg Wenzeslaus v. Knobelsdorff

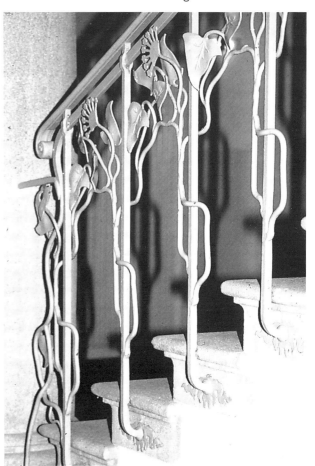

Müllersches Volksbad in München

im Treppenbau. Wirtschaftliche Zwänge führten oft zu klaren und bewundernswert einfachen Konstruktionen und Formen. Beispiele dieser modernen Treppenarchitektur finden sich in Europa und in Amerika.

Ludwig Mies van der Rohe erreichte, wie vor ihm Walter Gropius und andere, eine material- und funktionsgerechte Gestaltung von Treppen, die sich beispielhaft durch perfekte Schlichtheit, klare Proportionen und elegante Konstruktionen hervorheben.

Heute ist fast jeder Treppenentwurf technisch umsetzbar, trotz der existierenden Normen und Vorschriften.

Gründerzeit-Wohnhaus in Budapest

Treppe in Nordamerika

Haus Farnsworth in Plano/Illinois Arch.: Ludwig Mies van der Rohe

*Treppe als Fassadengestaltung –
Centre Pompidou in Paris
Arch.: Renzo Piano + Richard Rogers*

*Internationales Bildungs-
zentrum in Berlin
Arch.: Otto Steidle*

*Hillmann-Garage in Bremen
Arch.: v. Gerkan, Marg + Partner*

1.4 Die Treppe als Architekturelement

Treppen können, wie kaum ein anderes Architekturelement, die Dreidimensionalität eines Raumes erlebbar machen. Dadurch gewinnen sie eine entsprechende Dominanz und können gezielt in der Architektur eingesetzt werden:
- Treppe als Fassadengestaltung,
- Treppe als Verbindungselement,
- Treppe als Kunstobjekt.

Die gezeigten Beispiele hochrangiger Architekten lassen die vielfältigen Gestaltungsmöglichkeiten mit dem Element Treppe ahnen.

Treppe als Verbindungselement –
Züblinhaus in Stuttgart
Arch.: Gottfried Böhm

*Treppe als Kunstobjekt –
Atelier und Studio in Wien
Arch.: Coop Himmelblau*

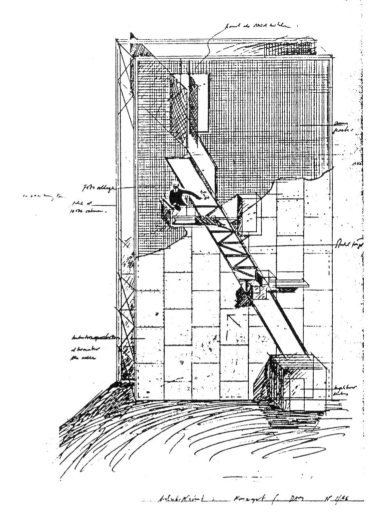

*Ausstellungsbau
»Vision der Moderne –
Hommage à El Lissitzky«
Arch.: Eisele + Fritz*

2.0 Funktion, Anordnung und Anforderungen

Leonforte, Sizilien
Aufnahme von René Burri
1956

2.1 Funktion

Als ein auf das menschliche Maß zugeschnittenes Bauteil ermöglicht die Treppe die Überwindung von Höhenunterschieden. Im Normalfall dient sie als begehbare Verbindung zwischen zwei in unterschiedlicher Höhe liegenden Ebenen. In dieser Funktion dient die Treppe als Rettungsweg in Brand- und Katastrophenfällen. Über die Treppe werden Personen und Sachwerte befördert. Sie hat auch repräsentativen Charakter und wird so in Verwaltungs- und Kulturbauten eingesetzt.

2.2 Anordnung

Um den jeweiligen Funktionen der Treppe gerecht zu werden, sollten Überlegungen zur Plazierung und Ausbildung innerhalb eines Gebäudes sinnvollerweise bereits in die ersten Entwurfsüberlegungen einfließen.
Die räumliche Wirkung einer Treppe als gestaltendes Architekturelement kann mitbestimmend bis entwurfsprägend sein. In jedem Fall ist die Lage im Grundriß von Bedeutung. Grundsätzlich sind drei Anordnungen zu unterscheiden:
– Treppe im Raum,
– Treppe im Treppenhaus,
– Außentreppen.

*Frei im Raum –
Deutsches Postmuseum
in Frankfurt/Main
Arch.: Behnisch + Partner
(oben)*

*Parallel zu einer Wand –
WDR-Landesstudio
in Düsseldorf
Arch.: Brigitte und
Christoph Parade*

2.2.1 Treppe im Raum

Sie schafft eine unmittelbare Verbindung von Raum zu Raum. Je nach gewünschtem Wirkungsgrad kann sie wie folgt angeordnet werden:
– frei im Raum,
– parallel zu einer Wand,
– in einer Raumecke,
– hinter einer Wand.
Unzählige Kombinationen aus den genannten Grundsituationen sind denkbar.

*In einer Raumecke –
Domdekanei in Eichstätt
Arch.: Karljosef Schattner*

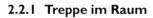

FREI IM RAUM

PARALLEL ZU EINER WAND

IN EINER RAUMECKE

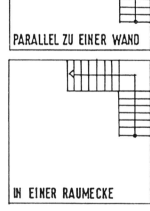

HINTER EINER WAND

*Hinter einer Wand –
Gemeindehaus
in Weißenburg
Arch.: Georg Küttinger*

2.2.2 Treppenhaus

Das Treppenhaus wird in, an oder vor dem Gebäude angeordnet. Dabei sollte darauf geachtet werden, daß die funktional jeweils günstigste Verbindung zu anderen Verkehrswegen und Nutzungseinheiten gewählt wird. Die Orientierung sollte so erfolgen, daß andere Funktionseinheiten nicht beeinträchtigt werden.

Das Treppenhaus wird aus funktionellen Gründen meistens an der Erschließungsseite (Straßenseite) des Gebäudes angeordnet. Das Treppenhaus ist ein Verkehrs- und kein Aufenthaltsraum. Somit ist eine sonnige Lage nicht erforderlich und eine Plazierung an der Nordseite des Bauwerks möglich. In Gebäuden mit größerer Bautiefe liegt das Treppenhaus teilweise auch innen, um die Gebäudetiefe auszunutzen und die Außenwände (Fenster = Belichtungsfläche) freizuhalten für Aufenthalts- und Arbeitsräume. Dies bedarf jedoch einer besonderen behördlichen Genehmigung. Jedem Benutzer/Bewohner einer Nutzungs-/Wohneinheit müssen jederzeit zwei voneinander unabhängige Rettungswege zur Verfügung stehen, die ins Freie führen. Dabei gilt in der Regel die Treppe (»notwendige Treppe«) als erster Rettungsweg. Der zweite Rettungsweg kann ein Fenster sein, das mind. 0,90 m bis max. 1,20 m über dem Fertigfußboden liegt, ein lichtes Maß von 0,60 × 0,90 hat und von der Feuerwehr anleiterbar ist. Notwendige Treppen müssen in einem eigenen Treppenraum (= Treppenhaus) untergebracht sein. Dieser Treppenraum ist dann auch als Rettungsweg im baurechtlichen Sinne auszubilden. Das Treppenhaus muß von jeder Stelle eines Aufenthaltsraumes weniger als 35 m entfernt sein.

In Hochhäusern darf die Entfernung höchstens 25 m betragen. Auch hier sind zwei Rettungswege erforderlich. Ist ein Sicherheits-Treppenhaus vorhanden, so ist eine zweite notwendige Treppe als Rettungsweg nicht erforderlich.

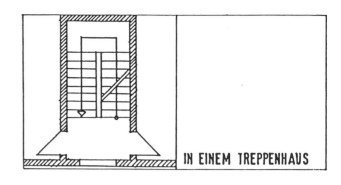

IN EINEM TREPPENHAUS

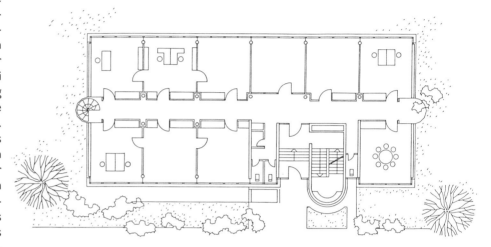

Bürogebäude »Am Moosfeld« in München
Arch.: Schunck + Partner

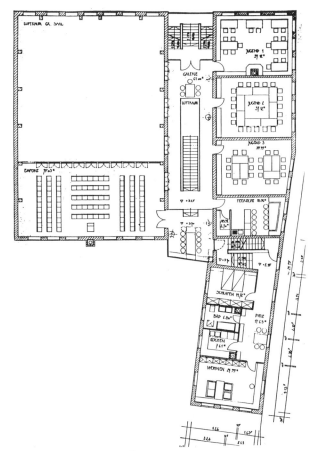

Gemeindehaus in Nördlingen
Arch.: Georg Küttinger

Sicherheits-Treppenhaus
Ein Treppenraum ist ein Sicherheits-Treppenhaus, wenn es so ausgebildet und ausgestattet ist, daß kein Feuer oder Rauch eindringen kann. Es muß in jedem Geschoß über einen unmittelbar davorliegenden, offenen Gang erreichbar sein.

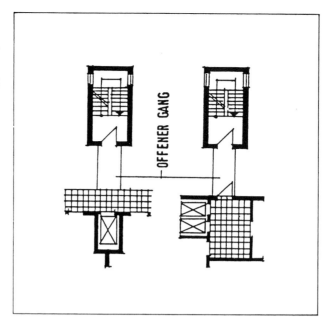

Die notwendige Treppe ist in Gebäuden mit mehr als zwei Vollgeschossen in einem Zuge durch alle Stockwerke einschließlich Kellergeschoß zu führen. Das Treppenhaus ist dann in seinen tragenden Teilen aus nicht brennbaren Baustoffen zu erstellen.

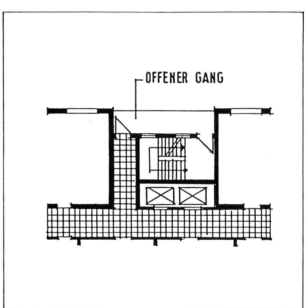

2.2.3 Außentreppen

Ihre Hauptaufgabe ist der Höhenausgleich zwischen Erdoberfläche und dem Eingangsbereich des zu erschließenden Gebäudes. Bei Geländeunebenheiten oder im Extremfall bergiger Lage werden mit Außentreppen die Niveauunterschiede überwunden und gestaltet.

Außentreppen haben ebenso wie Innentreppen einen repräsentativen Charakter. Die Anordnung gleicht der bei Treppen in Gebäuden und ist ebenso vielfältig.

2.3 Anforderungen

2.3.1 Allgemeine Anforderungen

Die Treppe muß
- bequem zu nutzen sein aufgrund von Steigungsverhältnis und Laufbreite,
- sicheres Begehen gewährleisten aufgrund der Form von Treppe, Handlauf, Geländer und der Wahl des Oberbelags (rutschsicher),
- sicher auch im baurechtlichen Sinne sein (Handlaufausbildung, Abschirmung von Rauch und Feuer, Belichtung und Belüftung).

Die Treppe sollte
- in Form und Gestaltung die Formensprache des Bauwerks aufnehmen.

Grundsätzlich ist bei der Planung darauf zu achten, in welchem Nutzungsbereich sich die Treppe oder Treppenanlage befindet. So werden an Treppen im Wohnungsbau andere Anforderungen als an Treppen im Bereich von Arbeitsstätten gestellt. Da die ArbstättV Bundesrecht ist, steht diese über der jeweiligen BauO (Landesrecht). Sorgfalt ist also geboten!

Aufgeführt werden hier die Anforderungen, die für alle Bundesländer gelten.
Ausnahmen sind möglich. Im Zweifelsfall ist die betreffende Landesbauordnung einzusehen. Grundlage für fast alle Bauordnungen ist die Musterbauordnung (MBO, Auszug im Anhang des vorliegenden Buches).

Notwendige Treppen
Nach MBO müssen jedes nicht zu ebener Erde liegende Geschoß und der nutzbare Dachraum eines Gebäudes über mindestens eine Treppe zugänglich sein (notwendige Treppe). Weitere Treppen können gefordert werden, wenn die Rettung von Menschen im Brandfall nicht auf andere Weise möglich ist. Grundsätzlich gilt, daß jede Nutzungseinheit über zwei Rettungswege verfügen muß, wobei einer davon die notwendige Treppe ist.

Entfernungen
Der überwiegende Teil der Landesbauordnungen verlangt, daß sich von jeder Stelle eines Aufenthaltsraumes in maximal 35 m Entfernung eine notwendige Treppe befindet (siehe auch Abschnitt 2.2.2, Treppenhaus).

Treppenräume
Notwendige Treppen müssen, ausgenommen in Einfamilienhäusern, in Treppenräumen liegen. Einige Bundesländer lassen Ausnahmen zu.

Führung in einem Zuge
Die Führung von notwendigen Treppen in einem Zuge zu allen Geschossen ist erst bei Gebäuden mit mehr als zwei Vollgeschossen zwingend vorgeschrieben.

Rampen und Leitern
Statt Treppen können auch Rampen mit einer flachen Neigung (geringer als 6% = behindertengerecht) angeordnet werden. Eine Einschubtreppe oder eine standsichere Leiter ist in Einfamilienhäusern als Zugang zu nicht ausgebautem Dachraum oder zu Geschossen ohne Aufenthaltsräume möglich.

Museum für Kunsthandwerk in Frankfurt/Main
Arch.: Richard Meier

Bürohaus an der Elbchaussee in Hamburg
Arch.: v. Gerkan, Marg + Partner

2.3.2 Mindestanforderungen

Brandschutz
In Gebäuden mit mehr als zwei Vollgeschossen und einer Grundfläche von mehr als 500 m² müssen notwendige Treppen in ihren tragenden Teilen aus nicht brennbaren Baustoffen bestehen.

Nutzbare Laufbreite
Die nutzbare Breite der Treppen und Treppenabsätze notwendiger Treppen muß mindestens 1,00 m betragen. In Wohngebäuden mit nicht mehr als zwei Wohnungen und innerhalb von Wohnungen genügt eine Breite von 80 cm. Spindeltreppen sind als notwendige Treppen nicht zulässig. Bei Treppen mit geringer Benutzung (zum Beispiel in Wochenend- und Ferienhäusern) und bei Treppen, die nicht zu Aufenthaltsräumen führen, sind geringere Laufbreiten zugelassen.
Gemäß DIN 18065 sind diese nicht notwendigen Treppen (zusätzliche Treppen sowie Treppen innerhalb von Wohnungen) auf mindestens 50 cm Laufbreite auszulegen. In Wohngebäuden mit nicht mehr als zwei Wohnungen ist außerdem bei notwendigen Kellertreppen eine Verringerung der Laufbreite auf 80 cm zugelassen.
Bei der Bemessung der Laufbreite von Treppen in öffentlichen Gebäuden kann folgende überschlägige Formel angesetzt werden. Als Zeiteinheit gilt die gewünschte Leerungszeit des Gebäudes.
Zu einem Grundmaß von
a = 1,00 m wird ein Zuschlag für jeweils 100 Personen addiert:
für 100–500 Personen a + 0,70 je 100 Personen,
für 500–1000 Personen a + 0,50 je 100 Personen,
für mehr als 1000 Personen a + 0,30 je 100 Personen.

Beispiel:
Für 800 Personen errechnet sich folgendes Maß:
nutzbare Laufbreite =
$1,00 + (5 \times 0,70) + (3 \times 0,50) = 6,00$ m.
Die errechnete Breite muß auf mehrere Treppenläufe verteilt werden, da notwendige Treppen nicht breiter als 2,50 m sein dürfen. (Bei Laufbreiten über 2,50 m werden zusätzliche Zwischenhandläufe erforderlich.)

Lichte Durchgangshöhe
Bei einem Minimum von 2,00 m (senkrecht gemessen) sind gemäß DIN 18065 seitliche Einschränkungen zugelassen. Für Treppen mit geringer Benutzung sind Ausnahmen in Absprache mit der zuständigen Behörde möglich.

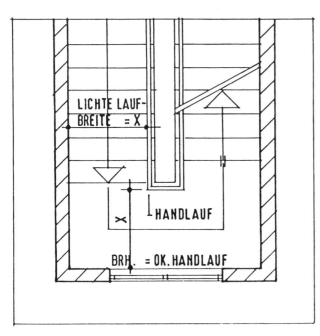

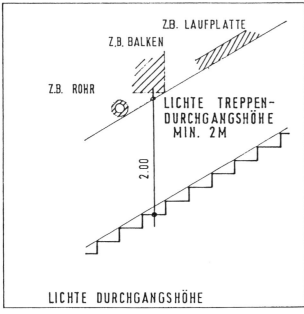

LICHTE DURCHGANGSHÖHE

Steigungsverhältnis
Die sogenannte Schrittmaßformel gilt seit gut 300 Jahren:
$2 \times s + a = 61–65$ cm (s = Steigung, a = Auftritt).
Aufgestellt aufgrund von Versuchsreihen hat sie der französische Mathematiker und Architekt François Blondel (1617–1686). Nach seinen Analysen der menschlichen Schritt- und Steigungsmaße hat er als erster Ingenieur eine Berechnungsformel für den Treppenbau aufgestellt. Bis zu diesem Zeitpunkt waren die Treppen überwiegend nach ästhetischen Gesichtspunkten geplant und gebaut worden. Blondel schrieb in seinen Vorlesungen über Architektur (»Cours d'architecture«) 1675: »Der gewöhnliche Schritt eines auf ebenem Boden gehenden Menschen hat eine Länge von 2 Fuß oder 24 Zoll (= 65 cm).«
Die Schritthöhe eines Menschen, der eine senkrechte Leiter besteigt, beträgt dagegen nur 1 Fuß oder 12 Zoll (30,5 cm). Daraus ergibt sich, daß die natürliche Schrittlänge in der Horizontalen doppelt so groß ist wie in der Vertikalen!
Die beiden Maße lassen sich durch folgenden Rechnungsvorgang in Verbindung setzen:
Das Vertikalmaß wird verdoppelt und das Horizontalmaß dazuaddiert. Beide Maße in Verbindung ergeben die natürliche Schrittlänge von 2 Fuß oder 24 Zoll. Aufgrund unterschiedlicher Betrachtungsweisen ist ein maßgeblicher Spielraum vorhanden, so daß im Ergebnis eine Spannweite von 61 bis 65 cm erlaubt ist.

Schrittmaßformel
$2 \times s + a = 63$ (61–65 cm)
Beispiel:
$2 \times 17 + 29 = 63$ cm

Das Steigungsverhältnis extrem steiler oder flacher Treppen läßt sich durch folgende Formeln ermitteln oder auch überprüfen:

Sicherheitsformel
$s + a = 46$ cm
Beispiel:
$17 + 29 = 46$ cm

Bequemlichkeitsformel
$a - s = 12$ cm
Beispiel: $29 - 17 = 12$ cm

Ein Steigungsverhältnis, das auf alle drei Formeln zutrifft, ist, wie die vorherigen Beispiele zeigen, 17/29. Dieses Verhältnis kann als Richtmaß angesetzt werden und gewährleistet in den meisten Fällen ein angenehmes Begehen der Treppe.
Als maximales Steigungsverhältnis wird in den meisten Bundesländern 19/26 (gemessen an der Lauflinie) gesetzt.
Unterschneidungen der Trittstufe werden nicht ins Steigungsverhältnis eingerechnet. Als Maßgrundlage für die Formel gilt die von oben gesehene Projektion der Trittfläche.
Für gewendelte Stufen wird üblicherweise an der schmalsten noch betretbaren Stelle eine Auftrittsbreite von mindestens 10 cm gefordert. Bei Spindeltreppen sind geringere Auftrittsbreiten zugelassen, hier wird bei kleineren Treppen das Maß < 10 cm zur nutzbaren Laufbreite hinzugerechnet. Ausnahmen sind bei Treppen mit geringer Benutzung möglich.
Das Steigungsverhältnis darf sich in der Lauflinie nicht ändern.

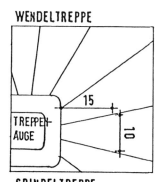

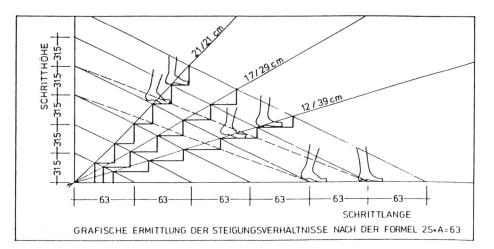

GRAFISCHE ERMITTLUNG DER STEIGUNGSVERHÄLTNISSE NACH DER FORMEL 2S+A=63

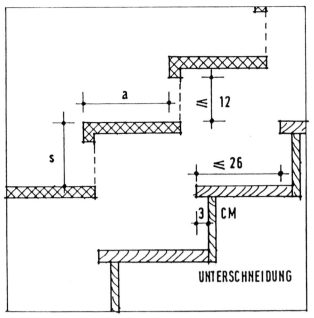

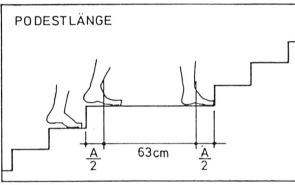

Stufenausbildung

Wird eine Treppe ohne Setzstufen geplant, so dürfen die Öffnungen zwischen den Stufen höchstens 12 cm betragen, wenn mit der Anwesenheit von Kleinkindern zu rechnen ist. Bei Treppen in Einfamilienhäusern und Treppen innerhalb von Wohnungen sind Ausnahmen zulässig.

Absätze, Podeste

Absätze, auch Podeste genannt, das heißt gerade Auftrittsflächen nach einer Stufenfolge, werden nach maximal 18 Stufen gefordert. Eine Ausnahme ist zum Beispiel das Bundesland Niedersachsen. Hier ist ein Absatz erst nach einer Höhenüberwindung von mehr als 3,50 m erforderlich:

Podestformel
Schrittlänge $L = 2 \times s + a$
Podestlänge $= L + a$

Die Mindestlänge, auch als Mindesttiefe bezeichnet, der Absätze sollte der nutzbaren Laufbreite der Treppe entsprechen. In einigen Bundesländern wird bei notwendigen Treppen eine Mindestbreite von 1,00 m gefordert, in Wohnhochhäusern mindestens 1,25 m. Bei gewundenen (gewendelten) Treppen gilt als Berechnungsgrundlage für das Podestmaß die Stufentiefe in der Lauflinie.
In Bereichen von Arbeitsstätten wird vor und hinter der Tür je ein Abstand von 1,00 m gefordert. Bei aufgeschlagener Tür muß noch eine Podestbreite von > 0,50 m vorhanden sein.
Allgemein gilt: Wenn eine Treppe direkt hinter einer Tür beginnt und die Tür in Richtung Treppe aufschlägt, dann sollte von Türöffnung bis zur ersten Stufe (Setzfläche) noch eine Podesttiefe in Türbreite vorhanden sein.

Handläufe

Mindestens ein fester und griffsicherer Handlauf wird gefordert. Hat die Treppe weniger als fünf Stufen und eine Absturzhöhe von unter 1,00 m, so kann auf einen Handlauf verzichtet werden, Voraussetzung ist hierbei jedoch, daß keine Verkehrssicherheitsbedenken bestehen, auch unter Berücksichtigung der Belange Behinderter oder alter Menschen.
Bei einer flacheren Neigung der Treppe als 1:4 kann auf den Handlauf verzichtet werden.
Wenn der Treppenlauf ein- oder beidseitig durch Wände begrenzt ist, wird bei notwendigen Treppen trotzdem noch ein Handlauf gefordert.
Der Handlauf sollte auf der Seite der freien Stufen ohne Unterbrechung herumgeführt werden. Als freie Stufen wird der Bereich von Treppen bezeichnet, der nicht von einem aufgehenden Bauteil, zum Beispiel Mauerwerk, begrenzt wird.
Bei Treppenbreite > 1,60 m ist beidseitig ein Handlauf erforderlich.
In Bereichen von Arbeitsstätten wird ein Handlauf, in Abwärtsrichtung gesehen an der rechten Seite, gefordert. Ab mehr als 1,50 m ist ein Handlauf beidseitig und ab 4,00 m Stufenbreite ein Zwischenhandlauf erforderlich.

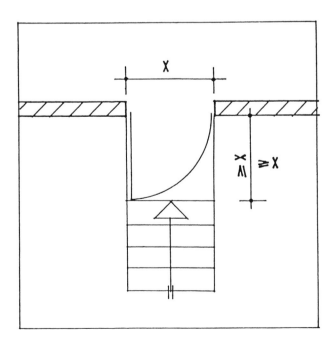

Brüstungen, Umwehrungen und Geländer
Absturzsicherungen sind im Normalfall erst ab einer Absturzhöhe von mehr als 1,00 m notwendig. Bei einer Absturzhöhe von bis zu 12,00 m ist eine Geländerhöhe von mindestens 90 cm ausreichend. Beträgt die Absturzhöhe mehr als 12,00 m, so muß die Geländerhöhe mindestens 1,10 m betragen.

In Arbeitsbereichen ist ab einer Absturzhöhe von mehr als 1,00 m mindestens 1,00 m als Absturzsicherung (Geländer etc.) anzusetzen. Ab 12,00 m Absturzhöhe sind mindestens 1,10 m Geländerhöhe notwendig.

Die Höhe des Geländers wird über der Stufenvorderkante gemessen.

Öffnungen innerhalb des Geländers dürfen in keine Richtung größer als 12 cm sein. Der Abstand zwischen Wand und Treppengeländer darf nicht mehr als 4 cm betragen. Ist mit der Anwesenheit von Kleinkindern zu rechnen, so muß der Leitereffekt vermieden werden.

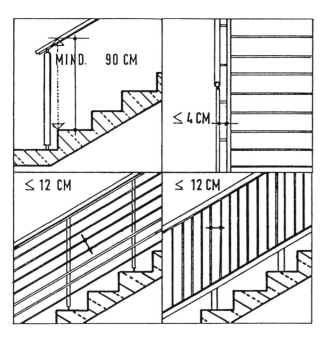

2.3.3 Anforderungen für besondere Personengruppen

Bauliche Anlagen
Öffentliche und gewerbliche Einrichtungen, die von Behinderten, alten Menschen und Müttern mit Kleinkindern oft frequentiert werden, müssen so erstellt werden, daß diesem Personenkreis der Aufenthalt in diesen Gebäuden ohne Hilfe möglich ist.

Dieser Grundsatz gilt nur für die dem allgemeinen Besucherverkehr dienenden Teile von Geschäftshäusern, Versammlungsstätten, Bürobauten, Verwaltungsgebäuden, Gerichten, Krankenhäusern und ähnlichen Einrichtungen.

In baulichen Anlagen, die überwiegend oder ausschließlich von Behinderten oder älteren Menschen genutzt werden, gelten die Anforderungen nicht nur für den allgemeinen Bereich, sondern auch für die gesamte Anlage und sämtliche Folgeeinrichtungen. Unter diese Rubrik fallen unter anderem Tagesstätten, Werkstätten und Heime für Behinderte sowie Altenheime, Altenwohnanlagen und Altenpflegeheime.

Alle Anlagen müssen durch einen stufenlosen Eingang erreichbar sein. Die Eingänge müssen mindestens eine lichte Durchgangsbreite von 90 cm haben. Ferner muß vor der Tür eine ausreichende Bewegungsfläche vorhanden sein.

Rampen dürfen nicht mehr als 6 v. H. geneigt sein, sie müssen mindestens 1,20 m breit sein und beidseitig einen festen und griffsicheren Handlauf haben. Dabei ist zu berücksichtigen, daß am Anfang und am Ende jeder Rampe ein Podest ist. Alle 6,00 m ist ein Zwischenpodest anzuordnen. Dabei muß jedes Podest eine Mindestlänge von 1,20 m haben.

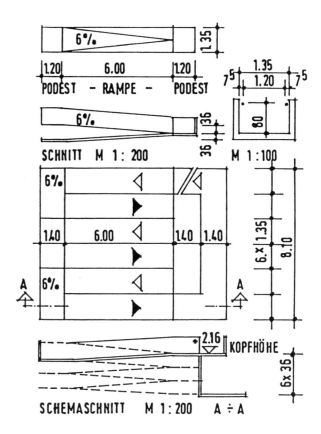

Treppen müssen an beiden Seiten Handläufe haben, die ohne Unterbrechung durch Treppenabsätze und Fensteröffnungen bis über die letzten Stufen hinauszuführen sind. Ein Handlauf sollte in 80 cm Höhe angeordnet werden. Die Treppen müssen ferner mit Setzstufen ausgebildet werden, vorkragende Trittstufen oder unterschneidende Setzstufen sind zu vermeiden. Ein Steigungsverhältnis von 14,5/34 ist zu empfehlen. Dabei sollte darauf geachtet werden, daß, über die allgemeinen Anforderungen hinaus, Zwischenpodeste zum Ausruhen angeordnet werden. Die Treppen sollten möglichst geradlinig geplant werden.

2.3.4 Schallschutzanforderungen

Die unter 6.4 auf Seite 76 aufgeführten Anforderungen gelten nicht nur für Massivtreppen, sondern, je nach Standort und Funktion, ebenfalls für Holz- und Stahltreppen sowie für alle weiteren Mischkonstruktionstreppen.

2.4 Planungskonzept

Bei der Planung und Gestaltung von Treppen kann folgender Fragenkatalog Hilfestellung leisten:

Funktion und Nutzung
– öffentliche Gebäude (Behörden, Krankenhäuser, Theater etc.),
– gewerbliche Gebäude (Büros, Läden, Werkstätten etc.),
– Wohngebäude (Einfamilienhäuser, mehrgeschossiger Wohnungsbau, Altenwohnungen etc.).

Benutzer
– Erwerbstätige,
– Behinderte,
– Besucher (Kunden),
– Kinder,
– ältere Menschen,
– Lieferanten etc.

Aufgabe im Gebäudekomplex
– notwendige Treppe,
– Nebentreppe,
– Repräsentation,
– Sicherheits-/Fluchttreppe.

Anordnung im Gebäude
Häufigkeit der Benutzung
Gestalterische Absichten
– räumliche Qualität,
– Angemessenheit.

Materialvorgaben/Zusammenhänge
Standsicherheit
Schallschutz

Technische Vorschriften
– DIN-Normen,
– Regeln der Bautechnik.

Gesetzliche Vorschriften
– Bauordnung,
– Arbeitsstättenverordnung,
– Richtlinien.

3.0 Technische Grundlagen

Treppe in Nauplion, Griechenland

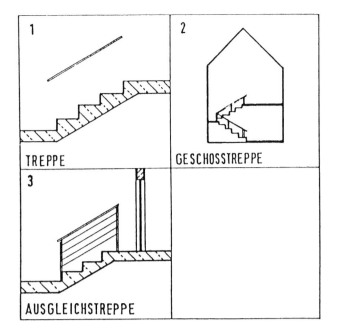

3.1 Grundbegriffe (nach DIN 18064)

- Treppe   1
- Geschoßtreppe   2
- Ausgleichstreppe   3
- notwendige Treppe etc.

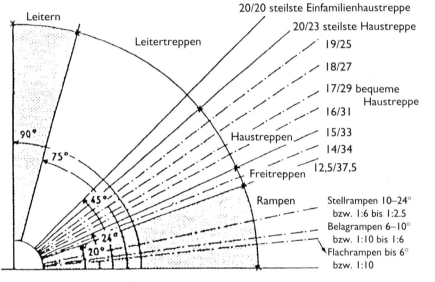

Quelle: Ernst Neufert: Bauentwurfslehre, Wiesbaden 1991

Treppenarten
Nach der Neigung wird unterschieden in:
- Flachrampen
- Belagrampen
- Steilrampen
- Normaltreppen
- Steiltreppen
- Leitertreppen

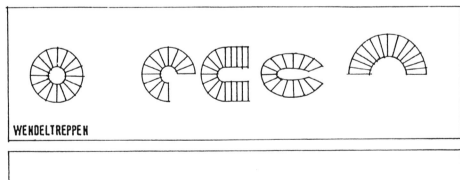

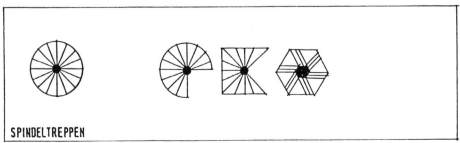

Nach der Laufausbildung wird unterschieden in:
- Treppen mit geraden Läufen
- Treppen mit gewendelten Läufen
- Treppen mit geraden und gewendelten Läufen

Nach der Treppenform wird unterschieden in:
- geradläufige Treppen
- Wendeltreppen
- Bogentreppen
- Spindeltreppen

Nach der Anzahl der Läufe wird unterschieden in:
- einläufige Treppen
- zweiläufige Treppen
- dreiläufige Treppen
- vierläufige Treppen

Nach der Drehrichtung beim Aufwärtsgehen wird unterschieden in:
- Rechtstreppen
- Linkstreppen

3.2 Hauptmaße (nach DIN 18065)

- Treppensteigung 5
- Treppenauftritt 6
- Steigungsverhältnis 7
- Unterschneidung 8

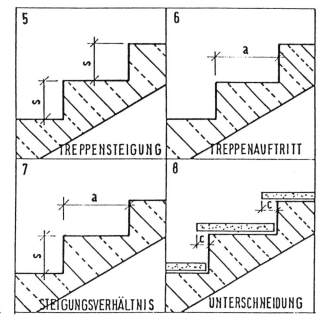

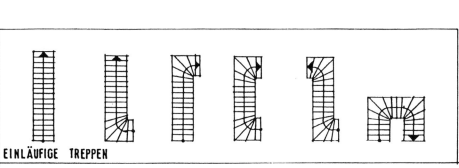

EINLÄUFIGE TREPPEN

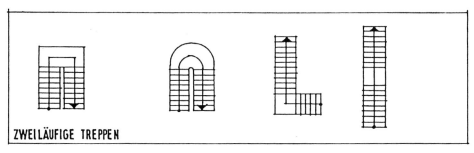

ZWEILÄUFIGE TREPPEN

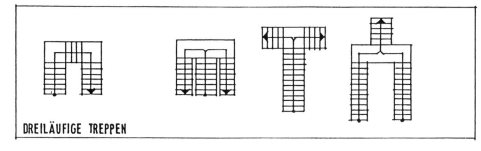

DREILÄUFIGE TREPPEN

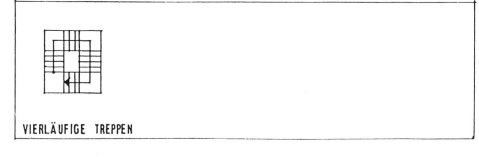

VIERLÄUFIGE TREPPEN

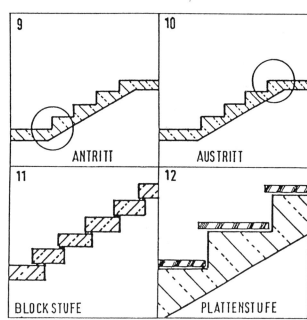

Stufenarten
Stufen nach ihrer Lage:
- Antrittstufe 9
- Austrittstufe 10

Stufen nach ihrem Querschnitt:
- Blockstufe 11
- Plattenstufe 12

3.3 Terminologie

Abschweifen der Stufen: Bei schmalen Treppen kann man die ungünstige Wendung an einem Eckpodest dadurch verbessern, daß man die letzten Stufen vor und die ersten nach dem Podest zur inneren Wange oder zum Krümmling zu aus der Geraden abschweift.

Antritt ist die erste Stufe einer Treppe; diese muß bei Treppen aus Einzelstufen unverschieblich gelagert sein. Bei Holztreppen wird sie als Blockstufe (aus vollem Holz) oder als Kastenstufe ausgebildet. Die Antrittstufe muß in der Regel um 15 bis 20 mm höher sein als die übrigen Stufen, weil sie in den Fußboden eingelassen wird.

Antrittpfosten ist der erste Stab des Geländers, der meist stärker ist und gut befestigt sein muß, da er beim Begehen der Treppe durch Festhalten und Anreißen besonders beansprucht wird. Er nimmt die Freiwange, die Brüstung und den Handlauf auf.

Arm, auch Lauf genannt, ist die zusammenhängende Folge von Stufen. Ein Arm soll grundsätzlich nicht mehr als 15–18 Steigungen aufweisen, dann sollte ein Ruheplatz (Podest) eingeschaltet werden, da die Treppe sonst ermüdend zu begehen ist.

Auftritt, Auftrittfläche, ist der waagrechte Teil der Stufe, auf dem der Fuß auftritt; bei Holztreppen heißt er Trittbrett, Trittstufe.

Auftrittbreite ist der horizontale Abstand der Vorderkanten zweier aufeinanderfolgender Trittstufen; sie wird daher von Vorderkante bis Vorderkante gemessen.

Auge, Treppenauge, Spindel, ist der Zwischen- oder Freiraum zwischen den Treppenarmen.

Ausrundung der Stufen siehe Abschweifen.

Außenwange ist die Wange an der Treppenhausmauer (Wandwange).

Austritt ist die oberste (letzte) Stufe einer Treppe. Sie liegt in der Fußbodenhöhe des zu ersteigenden Raumes oder Geschosses und ist meistens anders ausgebildet.

Belag: Zum Schutz gegen Abnutzung, zur Verkleidung der Unterkonstruktion und zur Erhöhung der Trittsicherheit erhalten die Stufen gelegentlich einen Belag aus Linoleum, Gummi, Kork, Holz, Terrazzo, Marmor, Kunststein usw.

Blockstufe ist eine Stufe mit rechteckigem oder annähernd rechteckigem Querschnitt. Blockstufe bei Holztreppen ist die besonders ausgebildete Antrittstufe. Sie ist zur Aufnahme und Verteilung der Hauptlast der Treppe gut aufzulagern und wird aus einem vollen Stück Holz (Block) gearbeitet.

Breite der Treppe ist die volle Breite eines Treppenlaufes einschließlich Wangen, Sockel usw. Sie ist nicht immer gleich der »Laufbreite«.

Brüstung ist ein geschlossenes Geländer an der freien Innenseite der Treppe.

Falz: Die Keilstufen liegen meistens gegenseitig auf einfachen oder gebrochenen Fälzen auf. Der waagerechte Teil des Falzes ist der Tragfalz f (2–4 cm), der zur Steigungslinie normal ausgebildete Teil ist der Stoßfalz s (5–7 cm). Die Fugen am Tragfalz sind etwa 2 mm breit und erhalten eingelegte Pappstreifen oder dergleichen zum besseren Auflagern der Stufen.

Freitragende Länge von Steinstufen: Diese richtet sich nach der Festigkeit des Gesteins; bei Sandstein beträgt sie im allgemeinen bis 120 cm, bei Granit bis 150 cm.

Freitreppen sind benannt nach ihrer Lage außerhalb des Gebäudes. Sie dienen zum Ausgleich des Höhenunterschiedes zwischen Erdoberfläche und Erdgeschoßfußboden und bedürfen einer sorgfältigen und frostfreien Fundierung. Steigungsverhältnis 16:31 ist empfehlenswert. Die wetterbeständigen Stufen bekommen ein Gefälle nach vorne (etwa 1 cm), damit das Regenwasser ablaufen kann.

Futterstufe, Futterbrett, siehe Stoßbrett.

Gehlinie, Ganglinie, Lauflinie, ist jene Linie, in der eine Treppe hauptsächlich begangen wird und in der bei Treppen mit Spitzstufen (gewendelte Treppen) das gewünschte Steigungsverhältnis liegen muß.
Da bei geraden Treppen die Stufen an allen Stellen gleich breit sind, hat die eingezeichnete Gehlinie in diesem Fall nur richtungweisenden Charakter und wird in der Regel in die Treppenmitte gezeichnet. Bei gewendelten Stufen ist die Gehlinie für das richtige Austragen der Stufen, die in gleicher Breite bei den geraden und gewendelten Treppen auf der Gehlinie aufgetragen werden, von besonderer Bedeutung. Bei schmalen Treppen – bis etwa 90–100 cm – wird sie in der Mitte der Treppe angeordnet, so daß der Abstand von der Außen- oder Innenwange etwa 45–50 cm beträgt. Bei breiten Treppen bestehen zwei Ansichten über die günstige Anordnung der Gehlinie und das sich daraus ergebende Auftragen der Stufenbreiten für die gewendelten Stufen. Nach der einen Ansicht werden gewendelte Treppen mehr an der Stufenschmalseite begangen, und die Gehlinie wird in 40–50 cm Abstand von der Innenseite angeordnet, während nach der anderen Ansicht solche Treppen lieber an der Stufenbreitseite begangen werden. Hierfür werden die ausgetretenen Stellen an alten Holztreppen als Beweis angeführt. In diesem Fall wird der Abstand der Gehlinie in der Wendelung von der Außenseite gemessen (z. B. Bauordnung für Wien). In ersterem Fall ist zu beachten, daß die Stufenbreitseiten nicht zu groß und dadurch schlecht begehbar werden, in letzterem, daß die Stufenschmalseiten nicht zu knapp werden. Dafür sind daher in den Bauordnungen Mindestbreiten vorgeschrieben.

Die Anordnung der Gehlinie in der Wendelung hat Einfluß auf die Grundrißlänge der Treppe.

Die Pfeilrichtung auf der Gehlinie gibt die Richtung der Treppe von unten nach oben an.

Geländer ist der Schutz an der freien Seite der Treppe; es kann offen mit Sprossen u. dgl. oder geschlossen als Brüstung ausgeführt werden. Der Zwischenraum der Stäbe soll höchstens 12 cm betragen, damit nicht Kinder ihren Kopf durchstecken können.

Geländerhöhe soll in der Regel 90 cm betragen und wird von der Vorderkante der Stufe bis Überkante Geländer (Handlauf) gemessen.

Geschlossene Treppe ist eine mit vollgemauerter, sonstwie geschlossener oder verkleideter Brüstung.

Geschoßhöhe ist der Abstand des Fußbodens zweier übereinanderliegender Geschosse; außer durch die Maßzahl kann sie auch durch Einschreiben der Höhenlage über der Nullinie ($\pm$ 0,00) angegeben werden (Nullinie meistens Oberkante Erdgeschoßfußboden).

Gewendelte Treppen sind solche, bei denen zur besseren Begehbarkeit die Treppenarme an der Wendung verzogene Stufen haben.

Handlauf, Handleiste, Geländergriff, Anhaltestange, Stiegengriff, ist die Griffsicherung für den Benutzer der Treppe. Er bildet entweder den Abschluß des Geländers an der Innenseite oder ist als Wandhandlauf an der äußeren Treppenhauswand befestigt. Der Handlauf erhält zweckmäßig eine Form, die ein sicheres Greifen und leichtes Gleiten der Hand gewährleistet. Seine Höhenlage ist etwa 90 bis 100 cm über der Vorderkante der Stufe.

Handlaufstützen werden in entsprechendem Abstand von der Wand und in etwa 1,00 m Entfernung voneinander als Unterstützung des Handlaufes so befestigt, daß sie das Gleiten der Hand nicht hindern.

Holm: Auflagerbalken oder Profil für die Stufen.

Keilstufe: Massive Stufen erhalten in der Regel einen keilförmigen Querschnitt, um Material und Gewicht zu sparen. Man unterscheidet Keilstufen ohne Falz und mit Falz (siehe Falz). Die Untersicht nennt man Schalung (siehe diese).

Kopf, Stirn, ist die dem Treppenauge zugekehrte Stufenfläche.

Krachen von Holztreppen: Zur Vermeidung des Krachens sollen die Trittstufen bei ihrem Versetzen durch einen Hebel auseinandergespannt und die Setzstufen während der Verspannung an die unteren Trittstufen genagelt werden.

Krümmling, Kropf, ist der Teil einer Wange oder eines Handlaufes (Geländers), der unmittelbar in der Drehung (Wendelung) einer Treppe liegt. Um die gewendelten Stufen gut verziehen zu können, sollte sein Radius mindestens 20 cm betragen. Die Austragung des Krümmlings erfordert beim Holztreppenbau besondere Sorgfalt.

Numerierung der Steigungen: Die einzelnen Steigungen werden vom Antritt an fortlaufend numeriert, wobei die Zahlen an die Vorderkante der entsprechenden Stufe geschrieben werden.

Pfeilrichtung: Die Pfeilrichtung auf der Gehlinie gibt die Richtung der Treppe von unten nach oben an.

Podest, Treppenabsatz, Ruheplatz, Ruhepunkt: Das Podest ist eine die Stufenfolge unterbrechende, größere Fläche und soll nach je 15–18 Stufen eingeschaltet sein. Das Podest soll in der Gehlinie der Schrittlänge entsprechen und jedenfalls mindestens zwei Auftritte breit sein. Wenn man vermeiden will, daß beim Begehen gleichgerichteter Arme nach dem Podest der Schritt gewechselt wird, muß dieses eine ungleiche Anzahl Schritte lang sein; man spricht daher von ein-, zwei- und mehrschrittigen Podesten. Die Podestbreite soll mindestens der Laufbreite gleich sein und nach den meisten Bauordnungen nicht unter 1,00 m betragen, damit Möbel noch gut transportiert werden können (besser mindestens 1,10 m).

Profilierung, Gliederung der Stufe, Ausladung der Stufe an der Vorderkante: Die Vorderkanten der Stufen enthalten öfters eine profilartige Ausladung. Bei Holzstufen ensteht eine einfache Profilierung schon durch die Konstruktion. Durch die Profilierung wird auch die Trittfläche vergrößert. Die Profilierung bleibt bei der Ermittlung des Stufen- und Steigungsverhältnisses unberücksichtigt. Zur Ermittlung der tatsächlichen Breite der Stufe ist die Profilausladung der Auftrittbreite hinzuzurechnen. (Bei einer Auftrittbreite von 28 cm und einer Profilausladung von 4 cm ist daher die wahre Stufenbreite 32 cm.) Die Ausladung der Profilierung ist so gering zu halten, daß beim Begehen ein Stolpern vermieden wird.

Schalung ist die Unterfläche der Stufe; man unterscheidet a) ganz verschalte, b) halb verschalte Unterflächen. Die Ausschalung der Stufen (Abschrägung an der Unterseite) dient u. a. zur Verminderung des Eigengewichtes.

Setzfläche, Spiegel, ist die Vorderfläche einer Stufe (Setzstufe).

Spindeltreppe ist eine Treppe, die um eine Säule (Spindel) herumgeführt wird. Die Spindeltreppe aus Holz hat nur eine Wange, die als freie Wange oder als Wandwange ausgebildet sein kann (siehe Wendeltreppe). Man unterscheidet bei Steintreppen: a) Spindeltreppen mit hohl- oder vollgemauerter Spindel, b) Spindeltreppen mit angearbeiteter Spindel (das Spindelstück hat etwa 15 bis 25 cm Durchmesser und ist an die Stufen angearbeitet).

Sporen sind auskragende Mauerwangen zur Unterstützung von Vorlegstufen bei Hauseingängen.

Steigung ist der Höhenunterschied zweier Stufen bzw. einer Stufe und eines Podestes.

Steigungslinie ist die Verbindung aller Stufenvorderkanten an einer gleichen Stelle der Treppe (Außenwange, Innenwange, Gehlinie), im Schnitt oder in der Stufenabwicklung dargestellt.

Stoßbrett, Futterstufe, Setzstufe, ist das senkrecht stehende Brett bei Holzstufen, das die Unterstützung für den Auftritt (Trittstufe) bildet.

Stoßleiste dient bei Holzstufen zum Abdecken der Fuge zwischen Stoßbrett und Auftritt.

Treppenhaus ist der Raum, in dem sich die Treppe befindet. Nicht alle Treppen liegen von den übrigen Räumen so abgetrennt, daß man von einem eigenen Treppenraum (Treppenhaus) sprechen kann. Besonders in Wohnhäusern (Einfamilienhaus, Landhaus) führen die Treppen oft aus einem unteren Flur in einen oberen oder aus einer Halle oder auch aus dem Wohnraum in das Obergeschoß, während in öffentlichen Gebäuden in der Regel ein eigenes Treppenhaus vorhanden ist, welches dann auch architektonisch in Erscheinung tritt. Bei »notwendigen« Treppen (außer bei Einfamilienhäusern) muß der Treppenraum feuerhemmende, teilweise feuerbeständige Decken, feuerbeständige Wände und unmittelbaren Ausgang ins Freie haben. In Wohnhäusern mit mehr als sechs Wohnungen muß er gegen Verqualmung aus dem Kellergeschoß in ausreichender Weise geschützt sein.

Treppenschrauben, Schraubenbolzen: Die Wangen der Holztreppen werden unter jeder vierten bis fünften Stufe durch Schrauben von etwa 15–25 mm Durchmesser zusammengehalten (Verankerung).

Verziehen der Stufen (Wendeln): Bei Treppenwendungen entstehen sogenannte Spitzstufen. Ihre Vorderkanten zieht man günstigerweise nicht nach einem Mittelpunkt (a), da sie dann an der spitzen Seite zu schmal und dadurch unbequem zu begehen sind. Die Bauordnungen schreiben für diese innere Auftrittbreite der Spitzstufen ein Mindestmaß vor (10–15 cm). Um an dieser Stelle eine genügende Stufenbreite zu erhalten, »verzieht« man die Stufenkanten (b) nach verschiedenen Methoden.

Wange: Die Wangen bilden den sichtbaren Abschluß der Schmalseite (Kopfseite) der Stufen und sind bei Holztreppen die seitlichen Träger der Stufen. Man unterscheidet Wandwangen und Freiwangen oder äußere und innere Wangen.

Wangenbreite: Die Wangenbreite hängt ab vom Verhältnis der Stufenbreite zur Stufenhöhe; da dieses z. B. bei verzogenen Stufen wechselt, verändert sich bei gewendelten Treppen die Wangenbreite, was einen entsprechenden Ausgleich erfordert.

Wangenmauer, Auflagenmauer für die Wangen: Sie wird öfters auch in geringerer Breite über die Wangen als Brüstung hochgeführt.

Wangenstärke: Sie richtet sich nach Konstruktion und Material. Bei Holztreppen ist die Wangenstärke der äußeren Wange (Wandwange) etwa 5–8 cm; die innere Wange (Freiwange) wird in der Regel etwas stärker als die Wandwange angenommen.

Wendeltreppe, Spindeltreppe: Treppen mit kreisförmig geschlossener Gehlinie bezeichnet man als Wendeltreppen; sie können in quadratischen, regelmäßig vielseitigen oder kreisrunden Treppenhäusern untergebracht oder frei im Raum angeordnet werden. Die Stufen haben gleiche Verjüngung und bei kreisrundem Grundriß gleiche Form und Größe. Die Wendeltreppen können mit hoher Spindel (bei freitragenden Stufen oder freier Innenwange) oder mit voller Spindel (bei Unterstützung in der Raummitte) ausgebildet werden (siehe Spindeltreppe).

Wendung ist die Richtungsänderung einer Treppe; erfolgt diese im Sinne der Aufwärtssteigung nach links, so ist es eine Linkswendung, entgegengesetzt eine Rechtswendung. Man unterscheidet daher linksgewendete und rechtsgewendete Treppen. Nach dem Ausmaß der Wendung bezeichnet man die Treppen als viertel- bzw. halbgewendete Treppen usw.; erfolgt die Wendung durch gewendelte Stufen, so spricht man von viertel- bzw. halbgewendelten usw. Treppen; ganz gewendelte Treppen heißen Wendeltreppen.

1 die Kellerwand, eine Betonwand
2 das Bankett (der Fundamentstreifen)
3 der Fundamentvorsprung
4 die Horizontalisolierung
5 der Schutzanstrich
6 der Bestich (Rapputz, Rauhputz)
7 die Backsteinflachschicht
8 das Sandbett
9 das Erdreich
10 die Seitendiele
11 der Pflock
12 die Packlage (das Gestück)
13 der Unterbeton
14 der Zementglattstrich (Zementestrich)
15 die Untermauerung
16 die Kellertreppe, eine Massivtreppe
17 die Blockstufe
18 die Antrittstufe (der Antritt)
19 die Austrittstufe
20 der Kantenschutz
21 die Sockelplatte
22 das Treppengeländer aus Metallstäben
23 der Treppenvorplatz
24 die Hauseingangstür
25 der Fußabstreifer
26 der Plattenbelag
27 das Mörtelbett
28 die Massivdecke, eine Stahlbetonplatte
29 das Erdgeschoßmauerwerk
30 die Laufplatte
31 die Keilstufe
32 die Trittstufe
33 die Setzstufe
34–41 das Podest (der Treppenabsatz)
34 der Podestbalken
35 die Stahlbetonrippendecke
36 die Rippe
37 die Stahlbewehrung
38 die Druckplatte
39 der Ausgleichsestrich
40 der Feinstrich
41 der Gehbelag
42–44 die Geschoßtreppe, eine Podesttreppe
42 die Antrittstufe
43 der Antrittpfosten
44 die Freiwange (Lichtwange)
45 die Wandwange
46 die Treppenschraube
47 die Trittstufe
48 die Setzstufe
49 das Kropfstück
50 das Treppengeländer
51 der Geländerstab
52–62 das Zwischenpodest
52 der Krümmling
53 der Handlauf
54 der Austrittpfosten
55 der Podestbalken
56 das Futterbrett
57 die Abdeckleiste
58 die Leichtbauplatte
59 der Deckenputz
60 der Wandputz
61 die Zwischendecke
62 der Riemenboden
63 die Sockelleiste
64 der Abdeckstab
65 das Treppenhausfenster
66 der Hauptpodestbalken
67 die Traglatte
68 u. 69 die Zwischendecke
68 der Zwischenboden (die Einschubdecke)
69 die Zwischenbodenauffüllung
70 die Lattung
71 der Putzträger (die Rohrung)
72 der Deckenputz
73 der Blindboden
74 der Parkettboden mit Nut und Feder (Nut- u. Federriemen)
75 die viertelgewendelte Treppe
76 die Wendeltreppe, mit offener Spindel
77 die Wendeltreppe, mit voller Spindel
78 die Spindel
79 der Handlauf

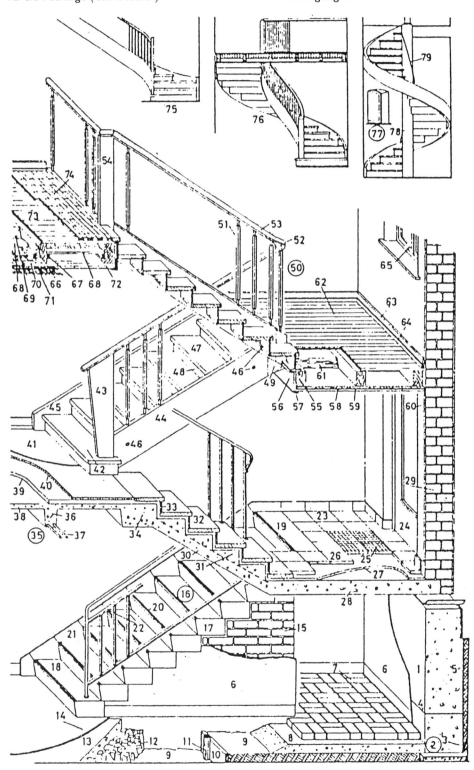

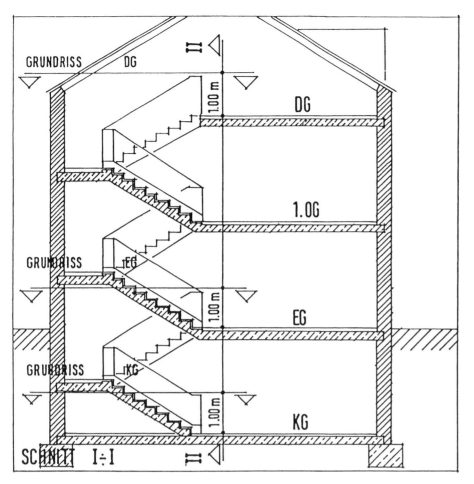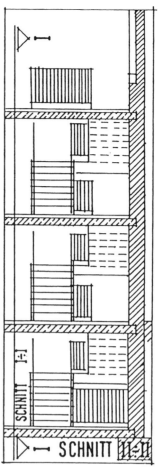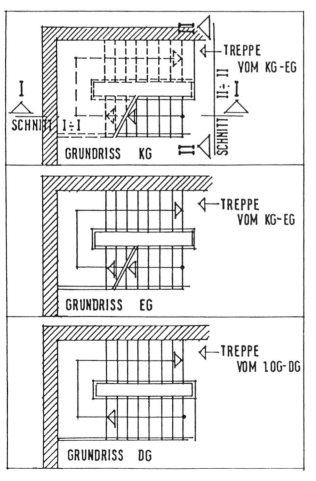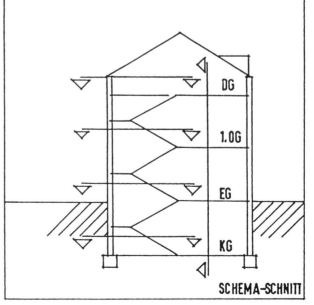

3.4 Darstellung

Nachfolgend werden die wichtigen zeichnerischen Schritte vom Entwurf bis zur Werk- und Detailplanung erläutert.

3.4.1 Entwurfsplanung

Nach dem skizzenhaften Entwerfen muß die Treppe spätestens in der Entwurfs- und weitergehenden Bauantragsplanung im Maßstab 1:100 in allen Grundrißebenen, Schnitten und Ansichten dargestellt werden. Grundrisse werden zur Orientierung in einer Höhe von 1,00 m über Oberkante Fertigfußboden dargestellt, das heißt, das Gebäude wird 1,00 m über der jeweiligen Darstellungsebene horizontal geschnitten. Dies gilt ebenso für die Treppen. Der im Grundriß schräg verlaufende Doppelstrich (teilweise auch gestrichelt) markiert die 1,00 m-Höhe. Der Schemaschnitt dient zur Orientierung für die weitere Ausführungsplanung (Werk- und Detailplanung), zum Beispiel die Festlegung von Detailpunkten. Im Einhundertstel-Planungsstadium (M 1:100) finden die ersten statischen Berechnungen statt.

3.4.2 Ausführungsplanung

Anschließend wird die Treppenplanung in die Werk- und Detailplanung umgesetzt. Diese ist Grundlage für die Ausschreibung und spätere Ausführung am Bau. Dafür wird die Treppe nicht nur im Maßstab 1:50, sondern auch in größeren Maßstäben 1:20 und 1:10, je nach Erfordernis (in allen Darstellungsebenen), aufgezeichnet, ebenfalls im Detailmaßstab bis zu M 1:1.

3.4.3 Modellbau

Ein gutes Mittel für die Darstellung der Raumwirkung ist das Modell. Es ist zudem hilfreich für die Klärung von Detailfragen. Dabei kann ein Arbeitsmodell im Maßstab 1:50 schon nützlich sein. Bei Bauaufgaben mit hohen gestalterischen Ansprüchen empfiehlt sich ein Maßstab 1:20 und größer.

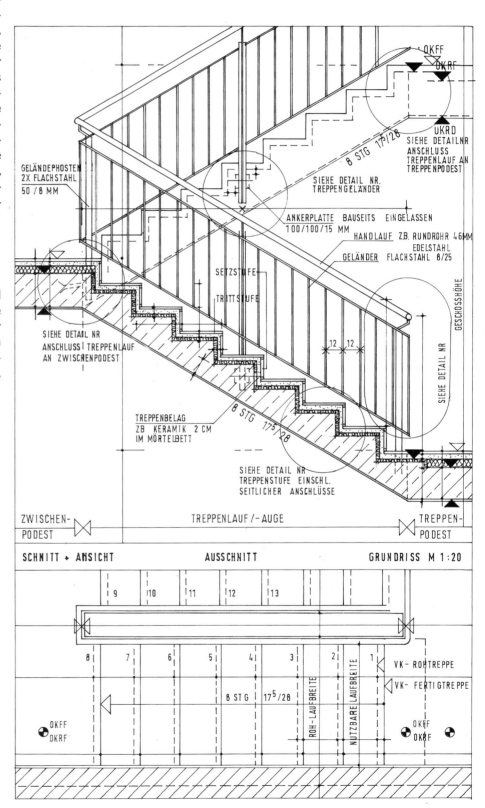

3.4.4 Darstellungsbeispiele

Wohnhaus in München
Arch.: Schunck + Partner

Entwurfsplanung
- Lageplan
- Grundrisse/Schnitt

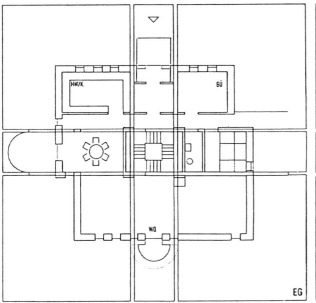

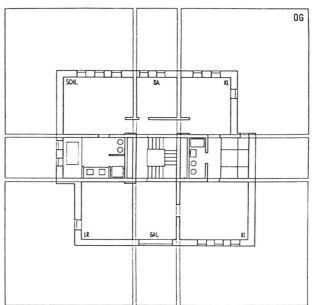

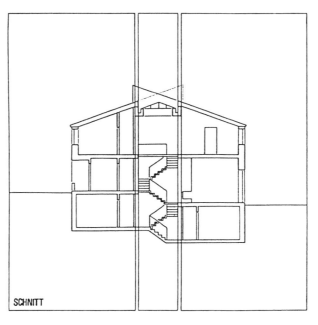

Ausführungsplanung
- Grundriß/Schnitt
- Details

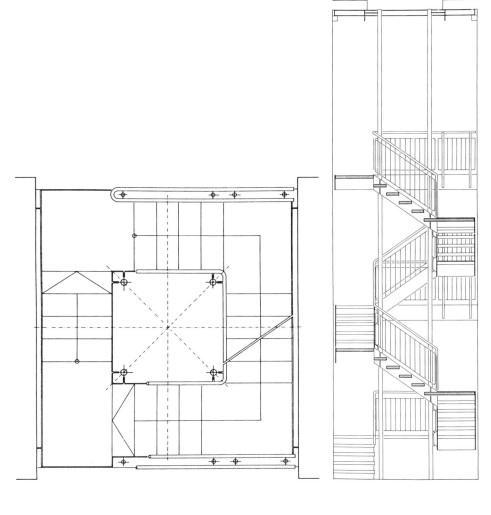
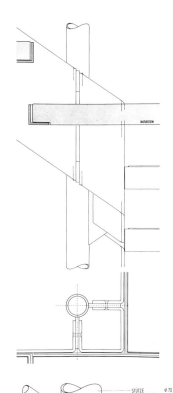
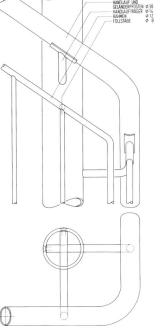

43

Wohnhaus in Bayern
Arch.: Peter Seifert

Ausführungsplanung
— Grundriß/Schnitt
— Details
Isometrie

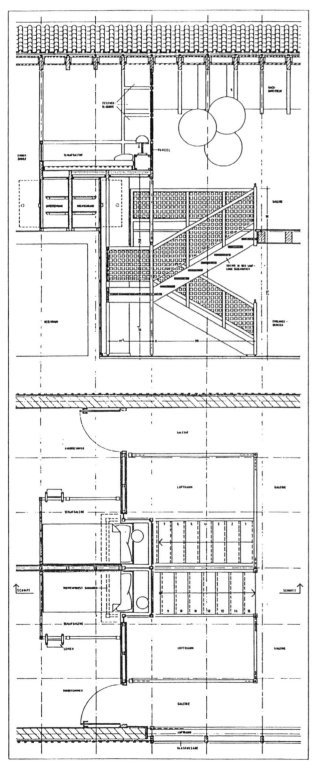
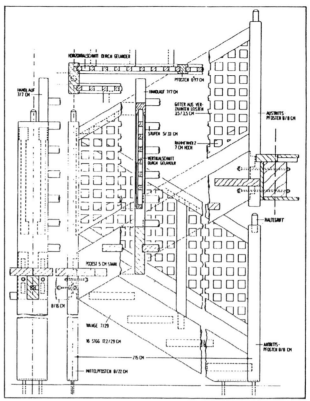
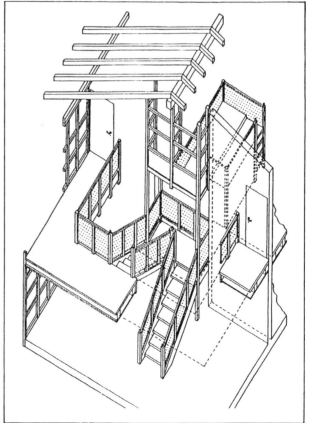

4.0 Geometrie und Treppenformen

*Steigenberger-Hotel in Hamburg
Arch.: v. Gerkan, Marg + Partner*

4.1 Platzbedarf

Bei der Planung einer Treppe (Treppenanlage) ergibt sich die Frage, wieviel Platz die Treppenläufe sowie die Erschließungsflächen (Podestflächen, An- und Austrittsflächen = Treppenanlage) benötigen.
Dazu einige der gängigen Treppenformen (siehe Abb. A–L).
Zum Vergleich des Flächenbedarfs wurden bei allen Treppenanlagen die gleichen Maße gewählt:
Geschoßhöhe = 2,75 m
= 15 × 18,4 cm Steigungen (S)
Grundmaß
Treppen-Flächenbedarf = TR
Treppenraum-Flächenbedarf = TR-R
Podesttiefe = T
Podestbreite = B

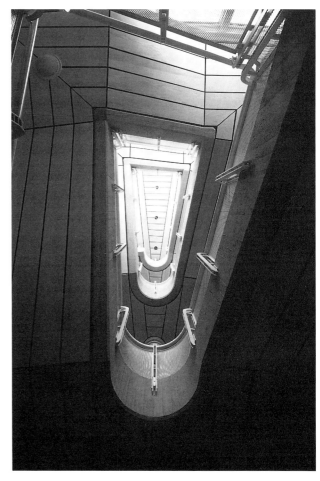

Mallinckrodt-Gymnasium in Dortmund
Arch.: Brigitte und Christoph Parade

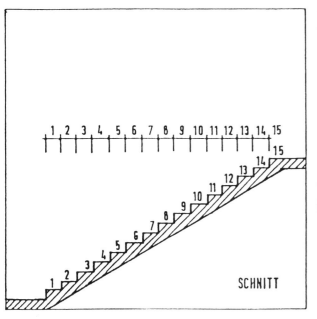

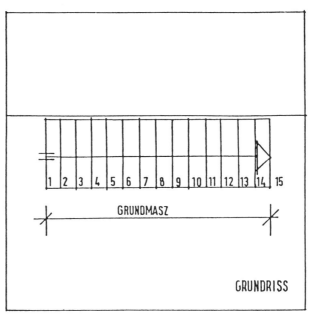

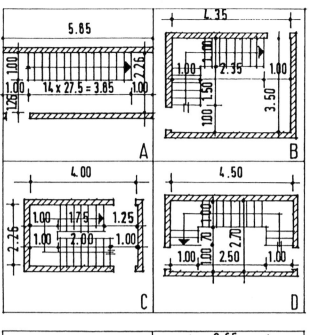

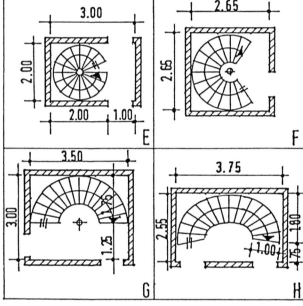

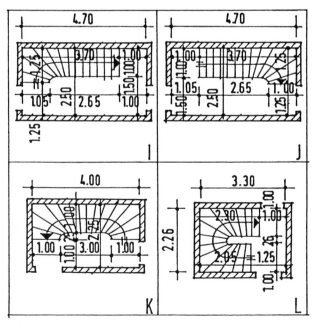

4.1.1 Gerade Treppen

		Treppe m²	Treppenraum m²
A	Einläufige, gerade Treppe (Rechtstreppe)	3,85	13,22
B	Zweiläufige, gewinkelte Treppe mit Zwischenpodest (Rechtstreppe)	3,85	15,23
C	Zweiläufige, gegenläufige Treppe mit Zwischenpodest (Rechtstreppe)	6,00	9,04
D	Dreiläufige, zweimal gewinkelte Treppe mit Zwischenpodest (Linkstreppe)	5,90	12,15

4.1.2 Treppen mit gebogenen Läufen

E	Einläufige Spindeltreppe, Treppe mit Treppenspindel (Linkstreppe)	3,50	6,00
F	Einläufige Wendeltreppe, Treppe mit Treppenauge (Rechtstreppe)	3,50	8,12
G	Einläufige Halbkreistreppe (Rechtstreppe)	3,90	10,50
H	Einläufige Korbbogentreppe (Rechtstreppe)	4,50	9,56

4.1.3 Treppen mit geraden und gebogenen Laufteilen

I	Einläufige, im Antritt viertelgewendelte Treppe (Rechtstreppe)	2,90	11,75
J	Einläufige, im Austritt viertelgewendelte Treppe (Linkstreppe)	1,85	11,75
K	Einläufige, zweimal viertelgewendelte Treppe (Linkstreppe)	2,50	9,00
L	Einläufige, halbgewendelte Treppe (Rechtstreppe)	4,60	7,46

4.2 Wendel- und Spindeltreppen

Gestalterische Entwurfsüberlegungen, aber auch Platzgründe führen oftmals zur Planung einer Wendel- oder Spindeltreppe. Durch die Wendelung eines Teils der Stufen oder auch der gesamten Treppenanlage kann teilweise erheblicher Raum eingespart werden. Dabei ist zu beachten, daß die Treppe dafür an Bequemlichkeit und Sicherheit einbüßt. Diese Nachteile können durch ein allmähliches Umformen der rechteckigen Stufen in keilförmige Stufen (siehe Verziehmethoden) gemindert werden.

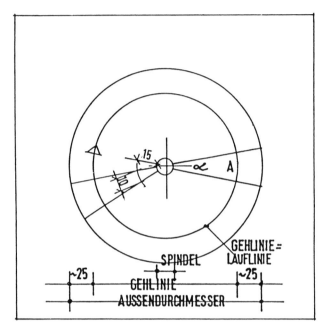

4.2.1 Entwurfsüberlegungen

Die Grundfläche von Wendel- und Spindeltreppen ist geringer als bei geradläufigen Treppen. Die Lage der Antritts- und Auftrittsstufen ist dabei in der Regel sehr variabel. Bei Kleintreppen ist die Laufbreite im Normalfall 80 bis 90 cm. Handelt es sich um eine notwendige Treppe, so ist das genannte Laufbreitenmaß zu überprüfen. Ist keine notwendige Treppe erforderlich, kann das Laufbreitenmaß bei Treppen innerhalb von Nutzungseinheiten bis auf 50 cm herabgesetzt werden.

Die Lage der Treppe im Grundriß und die Ausrichtung von An- und Austritt geben oft den Ausschlag dafür, ob die Treppe rechts oder links herum steigend zu planen ist. Bei diesen Überlegungen sollte berücksichtigt werden, daß eine Wendeltreppe aufwärts leichter zu begehen ist (analog zum Bergsteigen) und aus diesem Grunde die Steigung im Uhrzeigersinn zu bevorzugen ist. Allgemein werden diese Treppen rechtsherum gebaut, wobei berücksichtigt werden muß, daß Treppen immer auf der breiteren Seite der Stufen begangen werden. Dies ist in der Regel auch maßgebend für die Anordnung des Handlaufs. Da die meisten Menschen Rechtshänder sind, wird dieser üblicherweise an der äußeren (breiteren) Stufenseite angebracht.

Ein vollständiger Kreis kann in 11 bis 20 Stufen unterteilt werden. Daraus ergibt sich ein Antrittswinkel von ~ 18°-32°. Eine ganzzählige Teilung ist nicht erforderlich.

Es ist vorteilhaft, das Antrittspodest als Bestandteil der Treppe zu planen. Damit ergibt sich eine günstigere Durchgangshöhe, weil das Podest (zum Beispiel aus Stahl oder Holz) üblicherweise dünner als die Raumdecke (zum Beispiel Stahlbeton mit Fußbodenaufbau) ist. In jedem Fall muß eine Durchgangshöhe von mindestens 2,00 m, besser 2,10 m bis 2,20 m, geplant werden. Ist das Podest Bestandteil der Treppe, so hat dies auch den Vorteil, daß die Treppe bei der Montage notfalls noch etwas gedreht werden kann.

Ohne Spindel käme man dann auf ein Maß von > 1,00 m. Unter Berücksichtigung von gängigen Spindeltreppenmaßen und einem außenliegenden Handlauf ist ein Durchmesser von ca. 1,16 bis 1,20 m zu planen. Ist der Treppendurchmesser größer als 2,50 m, ist es bei Treppen aus Holz oder Stahl empfehlenswert, auf die Spindel zu verzichten und mit einem offenen Treppenauge zu planen. Wird die Treppe aus Beton gebaut, kann hingegen eine sehr dicke Spindel nicht nur konstruktiv, sondern auch wirtschaftlich interessant sein. Bei Wendeltreppen darf die Steigung größer sein als bei geradläufigen Treppenformen. Gängig ist eine Stufenhöhe zwischen 18 und 20 cm. Während die Gehlinie bei geradläufigen Treppen im Normalfall in der Treppenmitte zu messen ist, mißt man sie bei Wendeltreppen ca. 25 cm entfernt von der Außenkante der Stufen oder der Geländerlinie. Im Abstand von 15 cm von der Spindel oder Innenwange muß die Stufe noch mindestens 10 cm breit sein.

4.2.2 Berechnungen

Festlegung des Durchmessers im Grundriß und die ungefähre Lage von An- und Austritt
Durch die vorgegebene oder gewählte Geschoßhöhe ergibt sich die Zahl der Stufen (Stufenhöhe 18 bis 20 cm). Um den An- oder Auftritt günstiger zu legen, kann die Zahl der Steigung +/– 1 betragen. Je nach Stufenzahl und Treppendurchmesser läßt sich die Auftrittsbreite in der Lauflinie bestimmen (siehe Tabelle). Die Grundrißteilung muß nicht ganzzählig sein. Es sind alle Zwischenwerte ausführbar. Die überschlägige Prüfung der Durchgangshöhe unter dem Podest erfolgt, indem 2 bis 3 Stufen für das Podest von der gesamten Stufenanzahl abgezogen werden und diese dann mit dem Rest der Steigungshöhe multipliziert wird.
Die Durchgangshöhe muß immer mindestens 2,00 m betragen. Ist dieses nicht der Fall, so muß die Grundrißteilung oder die Treppenbreite verändert werden.

Außendurchmesser der Treppe	1,00	1,10	1,20	1,30	1,40	1,50	1,60	1,70	1,80	1,90	2,00	2,10	2,20	2,30	2,40	2,50	2,60
Durchmesser der Lauflinie	0,50	0,60	0,70	0,80	0,90	1,00	1,10	1,20	1,30	1,40	1,50	1,60	1,70	1,80	1,90	2,00	2,10

Grundriß-teilung	Auftritt-winkel	Auftritt in Lauflinie															
11 Stufen	32° 45°	14,2	17,1	19,9	22,8	25,7	28,5	31,4	34,2								
12 Stufen	30°	13,1	15,7	18,3	20,9	23,6	26,2	28,8	31,4	34,0							
13 Stufen	27° 41'	12,1	14,5	16,9	19,3	21,8	24,2	26,6	29,0	31,4	33,8						
14 Stufen	25° 43°		13,4	15,7	17,9	20,2	22,4	24,7	27,0	29,2	31,4	33,6	35,9				
15 Stufen	24°		12,5	14,6	16,7	18,9	21,0	23,0	25,1	27,2	29,3	31,4	33,5	35,6			
16 Stufen	22° 30'			13,7	15,7	17,6	19,6	21,6	23,6	25,5	27,5	29,4	31,4	33,3	35,3		
17 Stufen	21° 12'			12,9	14,8	16,6	18,5	20,4	22,2	24,0	25,9	27,8	29,6	31,4	33,3	35,1	
18 Stufen	20°				13,9	15,7	17,4	19,2	21,0	22,7	24,4	26,2	27,9	29,7	31,4	33,1	34,9
19 Stufen	18° 57'				13,2	14,9	16,5	18,2	19,8	21,5	23,2	24,8	26,5	28,1	29,8	31,4	33,0	34,7
20 Stufen	18°				12,7	14,1	15,7	17,3	18,7	20,4	22,0	23,6	25,2	26,7	28,3	29,9	31,4	33,0
					Wendel-Leiter-Treppen			nur für Nottreppen			für normale Wendeltreppen					sehr flache Treppen	

Quelle: Franz Schuster: Treppen, Stuttgart 1964

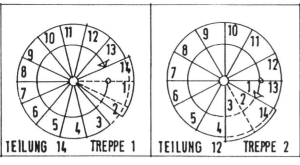

Beispiel Treppe 1: Treppendurchmesser 1,50 m
Geschoßhöhe 2,60 m
14 Stufen à 18,6 cm

Laut Tabelle beträgt bei dieser 14er Grundrißteilung die Auftrittsbreite in der Lauflinie 22,40 cm, das heißt, es handelt sich um eine recht steile Treppe. Ergebnis der Durchgangshöhe an der ungünstigsten Stelle (Hinterkante des Podests):
$(14 - 2) \times 18,6$ = ca. 2,26 m.
Bei einer dünnen Podestplatte würde damit die Durchgangshöhe ausreichen.

Beispiel Treppe 2: Treppendurchmesser 1,50 m
Geschoßhöhe 2,60 m
12 Stufen à 18,6 cm

Bei einer 12er Grundrißteilung beträgt die Auftrittsbreite in der Lauflinie laut Tabelle 26,2 cm. In diesem Falle verkleinert sich die Durchgangshöhe: $(12 - 2) \times 18,6 = 1,86$ m.
Die Durchgangshöhe ist nicht ausreichend.

Resümee: Die Grundrißteilung sollte bei 14 Stufen bleiben. Um jedoch eine bequemere Treppe zu erhalten, muß ein größerer Treppendurchmesser (Auftritt bei Durchmesser 1,70 cm laut Tabelle 27,0 cm) gewählt werden.
Bei Treppendurchmessern > 2,00 m und damit einer Grundrißteilung von 16 Auftritten empfiehlt es sich, statt einer Spindeltreppe eine Wendeltreppe mit Treppenauge zu wählen. Der Stufenwinkel wird an der Spindel zu klein. Die Treppe wird dadurch nahe der Spindel schlechter begehbar als eine Treppe mit kleinerem Durchmesser.
Bei einer Stufenzahl von mehr als 18 Steigungen wird ein Zwischenpodest erforderlich.

4.3 Steiltreppen

Ist zwischen zwei Erschließungsebenen nur eine eingeschränkte Verkehrsfläche für den Einbau einer Treppe vorhanden, so ist der Einbau einer Steiltreppe (Spartreppe) möglich. Dabei ist jedoch zu beachten, daß Steiltreppen nur als Verbindung innerhalb von Nutzungseinheiten zugelassen sind und auch dann nur zur Erschließung untergeordneter Räumlichkeiten, zum Beispiel von Dachböden. Der Steigungswinkel dieser Treppen beträgt ca. 60°. Dabei ist noch eine verhältnismäßig breite Auftrittsfläche bei Planung von versetzten Stufen möglich. Diese nicht gerade sehr bequeme Treppe sollte eine lichte Laufbreite von mindestens 50 cm aufweisen. Sie kann nicht in beiden Richtungen gleichzeitig begangen werden. Für diese Treppenform gilt ebenfalls die Schrittmaßregel $2 \times S + a = 63$.

Beispiel:
Geschoßhöhe 2,40 m, geplante Stufenanzahl $n = 12$.
Somit ergibt sich die Steigung $S = 20$ cm.
Schrittmaßregel $2 \times S + a = 64$
Auftritt $a = 64 - 2 \times 20 = 24$ cm
Daraus ergibt sich die Länge der Treppe wie folgt:
$L = n \times a : 2 = 12 \times 12 = 144$ cm.

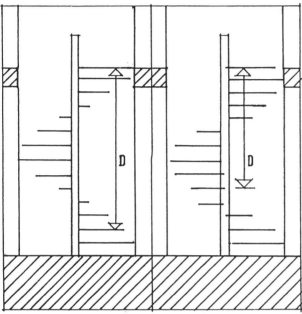

Grundriß-Teilung	STEIGUNG												Treppen-Durchmesser	
	13	14	15	16	17	18	19	20	21	22	23	24		
11					Durchgangshöhe							216	120–160	Wendeltreppe mit Treppenspindel
12									210	220	230		140–170	
13							209	220	231				150–180	
14						218,5	230						160–200	
15					216								160–210	
16				221									170–220	
17			224										180–230	
18		225											180–240	Wendeltreppe mit Treppenauge
19	244												190–260	
20	221												200–260	

Zusammenhang:
Grundrißteilung, Steigung, Durchgangshöhe und Durchmesser der Treppe.

Beispiel:
Steigung: 19 cm
Teilung: 14 Auftritte/Wendelung
Durchgangshöhe: 218,5 cm
Empfohlener Treppendurchmesser: 160–200 cm

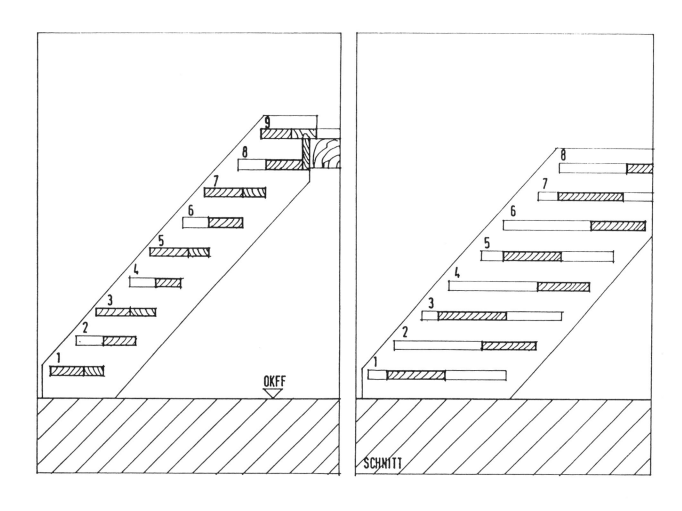

SCHNITT

OKFF

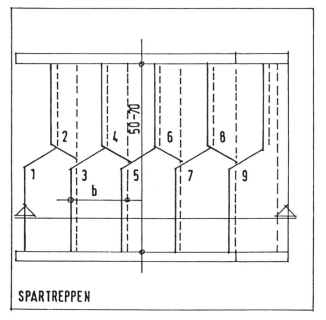

SPARTREPPEN

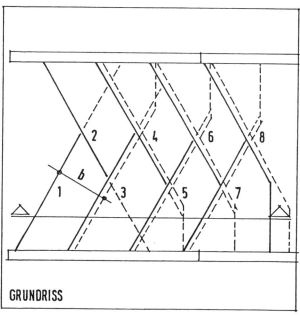

GRUNDRISS

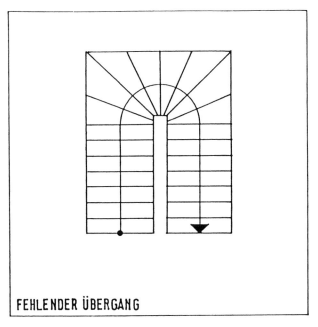

FEHLENDER ÜBERGANG

ZU VIEL VERZOGENE STUFEN

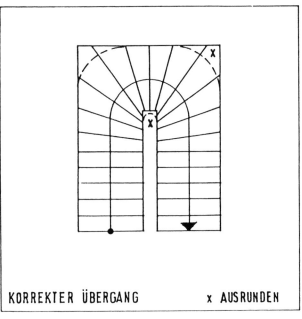

KORREKTER ÜBERGANG   x AUSRUNDEN

4.4 Geometrische und rechnerische Verziehmethoden

Nachstehend werden die wichtigsten Verziehmethoden vorgestellt. Nicht unerwähnt bleiben soll an dieser Stelle, daß es schon heute eine reichhaltige Palette an Treppencomputerprogrammen gibt. Diese Software ist aber zur Zeit nur als Hilfe für die Ausführung, sprich Umsetzung von Entwurf und Gestaltungsideen, gedacht.

4.4.1 Verziehen der Stufen

Ist eine Richtungsänderung der Lauflinie aus gestalterischen Erwägungen, Platzgründen oder auch konstruktiven Überlegungen nicht möglich oder erwünscht, so kann durch das Verziehen von Stufen ein langsamer und allmählicher Übergang von einer Gehrichtung in die andere erfolgen. Das geplante Steigungsverhältnis muß auch in den Wendelungen, in der Lauflinie gemessen, unverändert fortgeführt werden. Ziel sollte sein, in jedem Falle eine Trittstufenform zu finden, die unter Einhaltung des Auftrittsmaßes auf der Lauflinie eine gute, knickfreie Wangen- und Handlaufführung gestattet.

Zu beachten ist, daß Treppen mit verzogenen Stufen, wenn irgend möglich, nicht im Außenbereich eingesetzt werden sollten.

Bei gewundenen/gewendelten Treppen ergeben sich keilförmige Stufen, deren Auftrittsbreiten gegenüber der Normalstufe stark variieren. Die Stufen sind im Bereich der Außenwange breit und im Bereich der Innenwange schmaler. Um die Auftrittsbreiten auszugleichen, werden die vor und hinter der Biegung angeordneten Stufen verzogen. Dabei ist darauf zu achten, daß nicht zu viele Stufen verzogen werden und daß bei rechteckigen Treppenräumen keine Stufenkanten direkt in die Ecke geführt werden.

Die Stufen-Vorderkanten werden bei gekrümmten oder gewendelten Treppen mit offenem Auge meist zum Kreismittelpunkt gezogen.

Bei Wendeltreppen mit voller Spindel verlaufen die Stufen-Vorderkanten meist tangential entlang der Spindel. Daraus ergeben sich im allgemeinen bessere Detailpunkte und auch eine statisch günstigere Ausgangsposition. Ein Ausklinken der Stufen an der Spindel ist möglich.

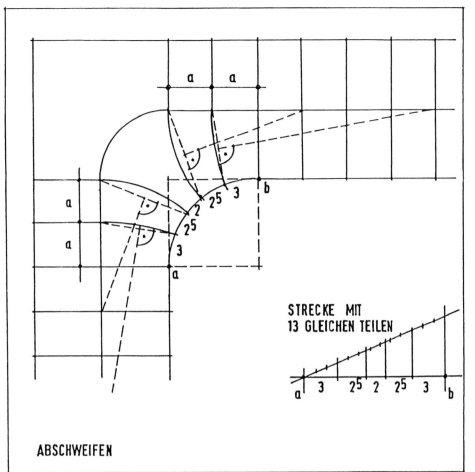

ABSCHWEIFEN

4.4.2 Abschweifen der Stufen

Soll bei beengten Grundrissen an der Podestbreite gespart werden, kann man die Wendelung im Bereich des Eckpodests dadurch verbessern, daß man einige Stufen vor und nach dem Podest abschweift. Wird die Innenseite ausreichend ausgerundet, so kann auch der sonst auftretende abrupte Höhenunterschied des Handlaufs (eine Stufenhöhe) vermieden werden.
Das Wangenstück a bis b wird von der Krümmungsmitte aus geteilt. Teilungsgrundlage sind die als Stufen- und Podestbreiten notwendigen Teile.

Beispiel:
Proportionale Teilung im Verhältnis 3:2, 5:2:2, 5:3.
Die Kurven für die Stufen-Vorderkanten können frei gezogen oder als Kreisbogen konstruiert werden.

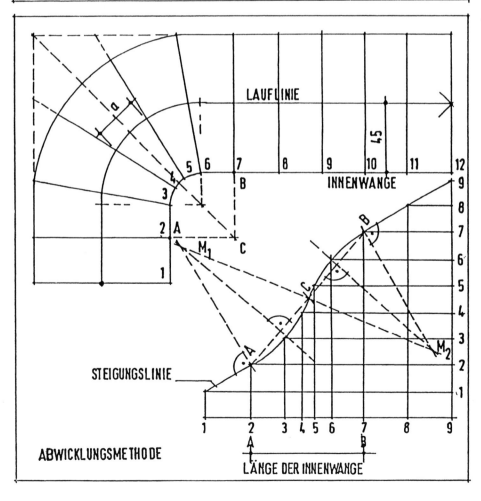

ABWICKLUNGSMETHODE

4.4.3 Abwicklungsmethode

Im Grundriß werden die Stufenbreiten auf der Lauflinie in gleichen Abständen aufgetragen und die jeweils letzten geraden Stufen nach Belieben festgelegt (zum Beispiel 2 + 7). Anschließend wird der gewünschte Radius der Innenwange eingezeichnet. Die Abwicklung der Innenwange erfolgt zuerst im Bereich der geraden Stufen. Die Verbindungslinie A–B wird in der Mitte geteilt (C). Der Schnittpunkt der Mittelsenkrechten auf A C mit der Senkrechten in A auf der Steigungslinie ergibt den Mittelpunkt M 1 (entsprechend M 2). Die Schnittpunkte der Kreisbögen um M 1 und M 2 mit den Stufenhöhen ergeben die Stufen-Vorderkanten.

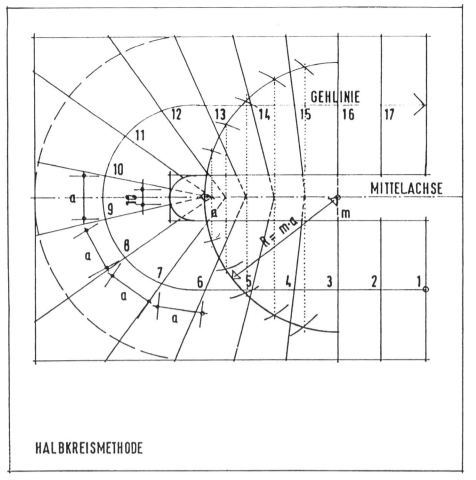

HALBKREISMETHODE

4.4.4 Halbkreismethode

Mit ungerader Stufenzahl
Die Stufen (Stufenbreite) sind im Grundriß so auf der Gehlinie aufzutragen, daß eine Stufenfläche in der Mitte der Krümmung liegt, das heißt ein Auftritt in Treppenmitte. Die letzten geraden Stufen können beliebig gewählt werden (zum Beispiel 3 + 16). In der Krümmung ist der in der Treppenachse liegende mittige Auftritt in gewünschter Breite (mindestens 10 cm) einzuzeichnen. Die Punkte werden jeweils mit den Punkten auf der Gehlinie (Lauflinie) verbunden. Diese Verbindung entspricht den Stufen-Vorderkanten. Die Verlängerungen der Stufen-Vorderkanten schneiden sich in a. Die letzten beiden geraden Stufen werden verbunden. Anschließend wird von dem Schnittpunkt auf der Mittelachse m ein Kreisbogen mit dem Halbdurchmesser m × a geschlagen. Der Umfang des Halbkreises ist durch die Anzahl der zu verziehenden Stufen zu teilen. Als Hilfsmittel dient der Stechzirkel. Ausprobieren ist erforderlich. Von den jeweiligen Teilungspunkten des Halbkreises wird ein Lot auf die Mittelachse der Treppe gezogen. Die Stufen-Vorderkanten ergeben sich dann, indem die Auftrittspunkte auf der Gehlinie mit den ermittelten Schnittpunkten auf der Mittelachse verbunden werden.

Mit gerader Stufenzahl
Hier liegt die Steigung in der Mittelachse. Der Punkt a wird wie vorher beschrieben ermittelt. Dabei werden die Mindesauftrittsbreiten (mindestens 10 cm) der Stufen festgelegt, die unmittelbar vor oder hinter der Mittelachse liegen.

4.4.5 Proportionalteilung

Bei ungerader Stufenzahl sind die Auftritte so aufzuteilen, daß ein Auftritt in der Treppenmitte liegt. Die Stufenbreiten sind dabei im Grundriß auf der Lauflinie so aufzutragen, daß ein Auftritt in der Mitte der Krümmung (in der Mittelachse der Treppe) liegt. Die Festlegung der Stufenbreite erfolgt im Bereich der Krümmung (mindestens 10 cm). Die Verlängerungen der beiden Kanten dieser Stufe schneiden sich in der Treppenachse in Punkt A. Die Verbindungslinien der letzten beiden geraden Stufen schneiden sich ebenfalls in der Treppenachse, hier in Punkt B. Die Verbindungslinie von B nach A wird entsprechend der Stufenanzahl im Verhältnis 1:2:3:4 usw. aufgeteilt. Diese Aufteilung wird anschließend auf die Verbindungslinie B – A projiziert. Die Stufen-Vorderkanten der zu verziehenden Stufen ergeben sich dann aus den Verbindungslinien von den Punkten auf der Lauflinie zu den Teilungspunkten auf der Mittelachse.
Die gleiche Methode läßt sich auch bei gerader Stufenzahl einsetzen. Es sollten dann jedoch nur wenige Stufen verzogen werden.

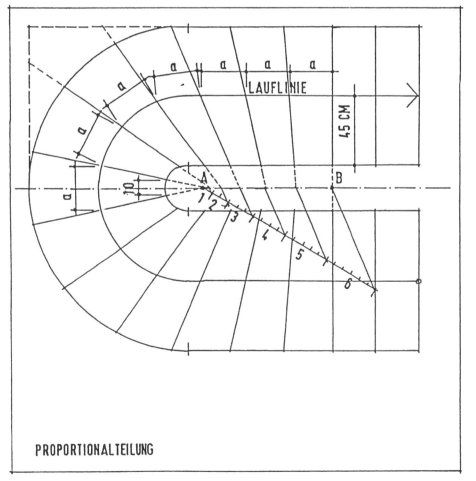

PROPORTIONALTEILUNG

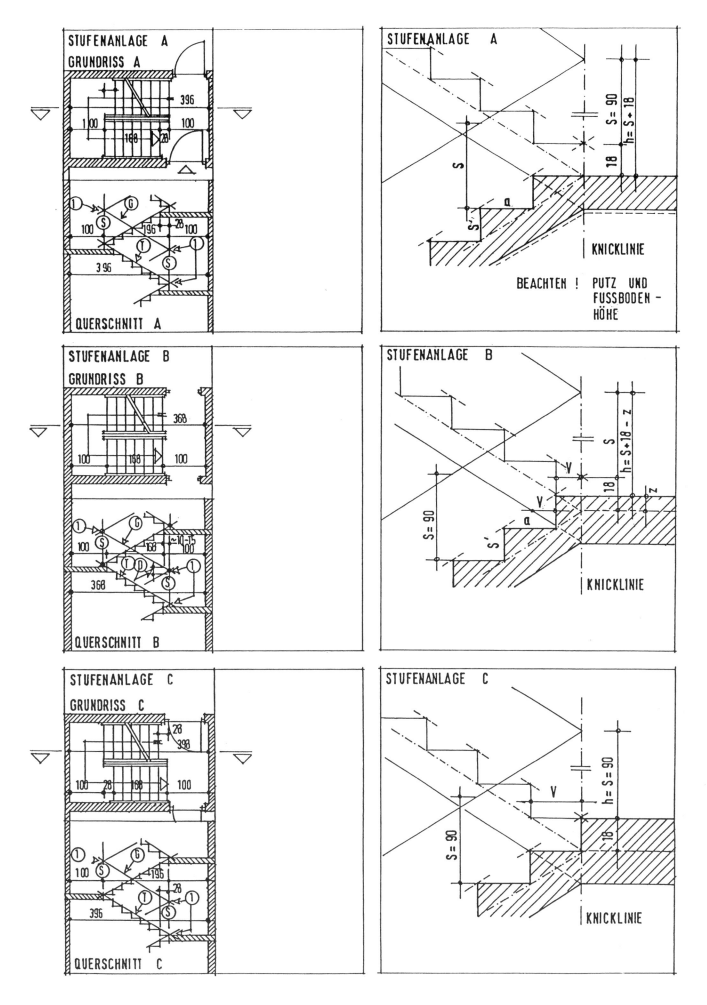

4.5 Treppenuntersicht, Stufen- und Wangenschnitt

Um einen ruhigen und gestalterisch befriedigenden Übergang von einem Treppenlauf zum folgenden zu erreichen, bedarf es vorab einer Überprüfung der Stufenansätze und Knicklinien und damit der Geländerführung und Treppenuntersicht.
Grundsätzlich werden drei Stufenanlagen unterschieden:

Stufenanlage A
Die Austrittstufe ist gegenüber der Antrittstufe um eine volle Stufenlänge zurückversetzt.

Stufenanlage B
Die beiden Treppenläufe liegen parallel, das heißt, die Setzfläche-Austrittstufe liegt unterhalb der Setzfläche-Antrittstufe.

Stufenanlage C
Die Treppenläufe liegen um eine ganze Stufe versetzt zueinander, das heißt, die Antrittstufe liegt um eine Stufe rückversetzt zur Austrittstufe.
Die Anzahl der Steigungen und das Maß der Auftrittbreite geben die Lauflänge von geradläufigen Treppen vor. Da das Podest den letzten Auftritt bildet, ist die Anzahl der Auftritte stets um einen geringer als die Zahl der Steigungen.
Ziel sollte es sein, bei allen Treppenkonstruktionen klare Podestuntersichten zu planen. Das bedeutet, daß die Knicklinien der Treppenlauf- und Podestplatten durchgehen müssen.

Beispiele für die Stufenanlagen A, B und C
als Massiv-, Holz- und Stahltreppen

5.0 Konstruktionssysteme

Es wird differenziert in schwere und leichte Konstruktionssysteme. Welches System zur Ausführung kommt, ist nicht nur entwurfsspezifisch, sondern hängt gleichzeitig auch mit den baurechtlichen Anforderungen zusammen. Der Planer sollte sowohl die technischen Bestimmungen als auch seine Entwurfsideen sinnvoll in Einklang bringen.

5.1 Schwere Konstruktionen

Sie gelten für Massivtreppen, wie Natur- und Kunststeintreppen sowie Stahlbetontreppen.

5.1.1 In Querrichtung

- beidseitig eingespannt,
- einseitig eingespannt,
- mit Unterstützung durch Träger (Wangen oder Holme).

5.1.2 In Längsrichtung

- geknickte Laufplatte, mit eingespannten Podesten oder freigespannt,
- auf eingespannten Podesten aufgelagerte Treppenläufe (Fertigteile).

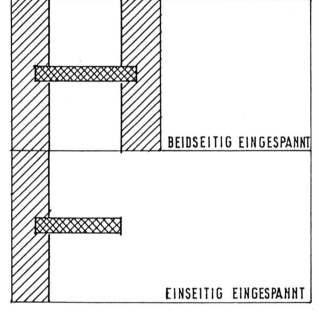

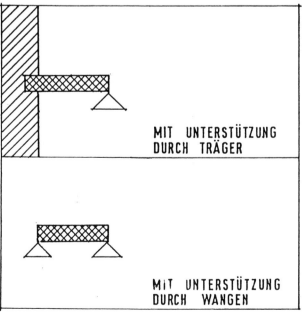

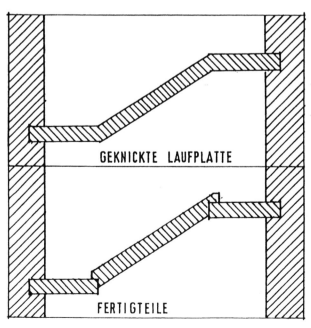

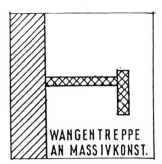

5.2 Leichte Konstruktionen

Damit werden Konstruktionssysteme für Holz- und Stahltreppen bezeichnet.
- Wangentreppe,
- Wangentreppe, einseitig an Massivkonstruktion befestigt,
- Wangentreppe, einseitige Stufen als Kragarm ausgebildet,
- Einholmtreppe,
- Zweiholmtreppe,
- Einholmtreppe mit Kragarm,
- Hängetreppe,
- Faltwerktreppe,
- Spindeltreppe,
- Spindeltreppe mit Kragarm,
- Spindeltreppe, mehrteilig.

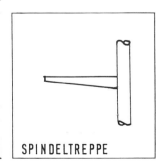

6.0 Massivtreppen

*Haus Moller
in Barcelona
Arch.: Martorell, Bohigas,
Mackay*

6.1 Allgemeines

Die Treppenläufe sind bei dieser Konstruktion aus Naturstein, Kunststein oder Beton.
Massivtreppen werden am Bau in mannigfacher Weise verwendet. Das äußere Erscheinungsbild dieser Treppenkonstruktion reicht dabei von in Einzelteilen aufgelösten Stufen bis zur kompakten Erscheinungsform. Das Material bietet von Haus aus schon guten Brandschutz, Schallschutz und günstige statische Eigenschaften. Die notwendigen Treppen werden daher in Gebäuden fast ausnahmslos in ihren tragenden Teilen als Massivtreppen erstellt.

6.2 Treppen aus Natur- oder Kunststein

6.2.1 Material

Natursteinstufen
Das Material wird in Steinbrüchen gewonnen und vom Steinmetz handwerksgerecht zu Bausteinen bearbeitet. Üblich sind:
– Granit,
– Basalt,
– Travertin,
– Schiefer,
– Marmor,
– Sandstein (nur hartes Gestein).

Die freitragende Länge dieser Natursteinstufen reicht je nach Material von 120 bis 150 cm. Besonderes Augenmerk gilt dem Brandschutz. Materialbedingt ist es in manchen Fällen nicht feuerbeständig und scheidet daher für notwendige Treppen aus.

Kunststeinstufen
Künstliche Steine sind gleichmäßiger im Gefüge und haben, durch die Rohstoffwahl bedingt, bessere Eigenschaften als die meisten Natursteine.
Unter die Kunststeine fallen zum Beispiel: Ziegelsteine und Kalksandsteine sowie Betonsteine. Als Kunststoffsteinstufen kommen fast ausschließlich Betonwerksteinstufen zur Ausführung, wobei »mit Vorsatzbeton« oder »ohne Vorsatzbeton« unterschieden wird.

Mit Vorsatz
Die Stufe besteht aus Unterbeton und Vorsatzbeton (ausgewählte Natursteinkörnung, oft auch mit Farbpigmenten angereichert). Diese zweischichtige Stufe ist werksteinmäßig bearbeitet, geschliffen oder poliert.

Ohne Vorsatz
Diese einschichtige Stufe (durchgehend aus dem gleichen Beton) besteht aus Normzementen, Zuschlagstoffen und Wasser. Die gewünschte Färbung kann durch die Zuschlagstoffe oder durch Farbpigmente bestimmt werden.
Trittplatten als Treppenbeläge müssen mindestens 4 cm dick sein. Bei unbewehrten Treppenbelägen dürfen die seitlichen Überstände nicht mehr als das Doppelte der Plattendicke betragen.
Eine Bewehrung verbessert das Tragverhalten und läßt schlankere Dimensionen zu.

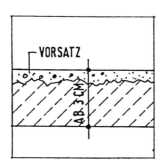

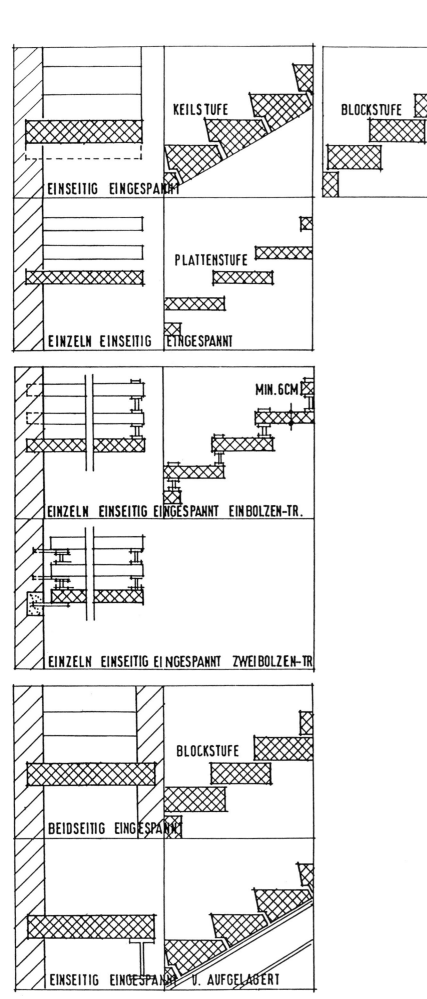

6.2.2 Konstruktionsprinzipien

Hierbei werden freitragende und unterstützte Stufen unterschieden.

Freitragende Stufen
Die Stufen werden einseitig eingespannt.
a) Jede Stufe wird als Kragarm ausgebildet. Eine zusätzliche Unterstützung erfolgt durch die darunterliegende Stufe. Durch die Verzahnung der Stufen wird ein Verdrehen verhindert.
b) Die Stufen werden einzeln eingespannt. Dies ist eine sehr aufwendige Konstruktion.

Unterstützte Stufen
a) Die Stufen werden beidseitig eingespannt, zum Beispiel in aufgehendes Mauerwerk.
b) Eine Seite der Stufen wird eingespannt und die andere Seite aufgelagert. Als Auflager kann ein Stahlträger oder auch eine massive Wandkonstruktion dienen.

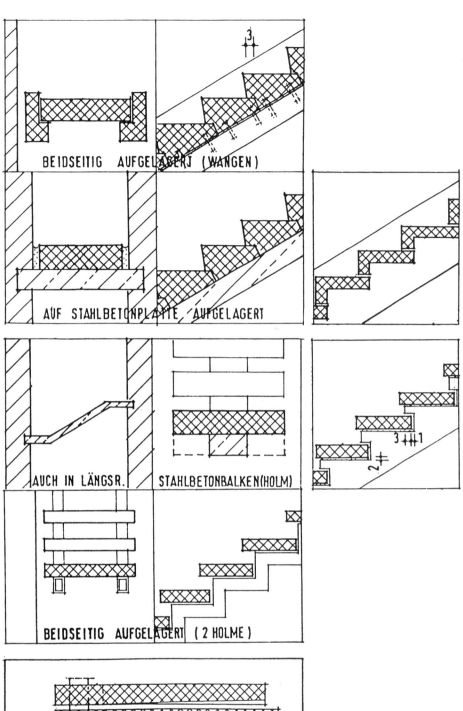

c) Die Stufen werden aufgelagert. Das Material dieser Auflager (Wangen) kann zum Beispiel Stahlbeton sein.
d) Die Stufen werden einer Stahlbetonplatte aufgelagert. Die Einspannung der Platte kann sowohl in Längs- als auch in Querrichtung erfolgen.
e) Die Stufen werden auf Stahlbetonbalken (Holmen) aufgelagert.

Wendel- und Spindeltreppen

Die genannten Prinzipien ermöglichen auch das Konstruieren von Wendel- und Spindeltreppen. Bei Spindeltreppen wird differenziert in Treppenkonstruktionen mit oder ohne Auflager.

a) Bei der Spindeltreppe ohne Auflager werden die Stufen entweder an die Spindeltreppe geschraubt, oder sie sind Bestandteil der Spindel (aufeinandergesteckt).
b) Sind die Spindelstufen weit auskragend, wird die Spindel durch Stahleinlagen verstärkt. Die Spindel kann auch durch ein Stahlrohr verstärkt werden.

6.2.3 Details

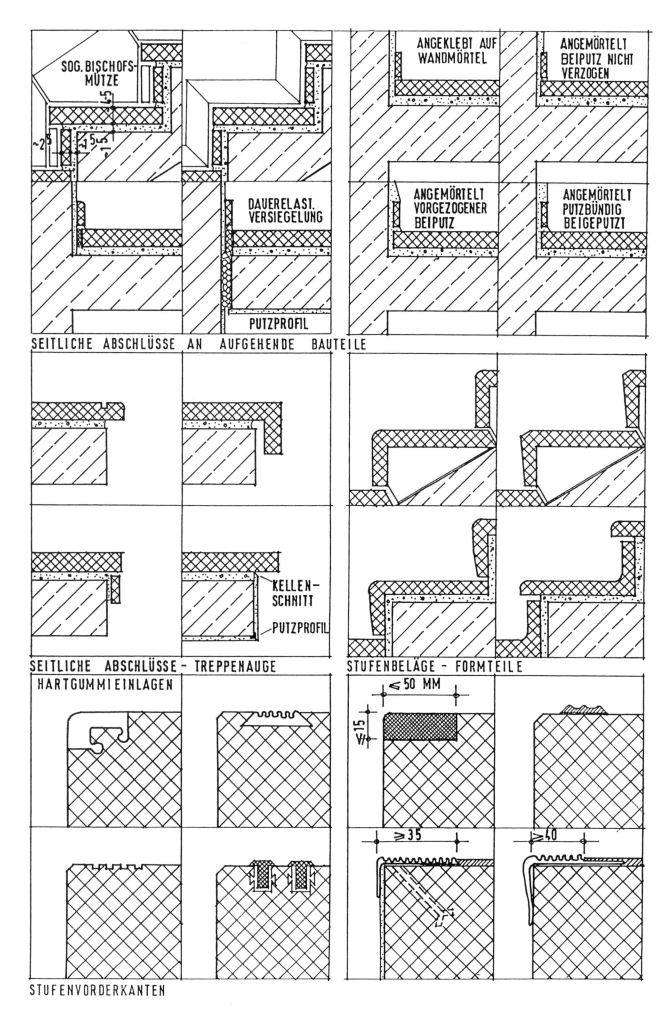

6.3 Stahlbetontreppen

6.3.1 Allgemeines

In Gebäuden mit Stahlbetondecken werden aus fertigungstechnischen Gründen oft auch die Geschoßtreppen aus Stahlbeton hergestellt. Bei dieser Treppenkonstruktion bildet die Stahlbetonplatte den Hauptbestandteil. Das Einsetzen von zusätzlichen Stahleinlagen (Bewehrung) ermöglicht die Ausbildung von Kragträgern. Bei diesen Treppenkonstruktionen können die Stufen einzeln oder der gesamte Treppenlauf eingespannt sein. An der schmalsten Stelle der Laufplatte muß deren Stärke, bedingt durch die Bewehrung und die Betonüberdeckung, mindestens 10 bis 12 cm betragen.
Die günstigen Brandschutzeigenschaften führen dazu, daß die notwendigen Treppen in ihrer Tragkonstruktion in den meisten Fällen aus Stahlbeton erstellt werden.
Die Stufen werden entweder auf die Laufplatte aufbetoniert oder aufgesetzt. Bei der Ausführung wird unterschieden in Ortbetontreppen und Fertigteiltreppen.

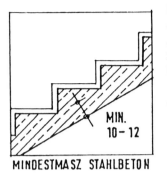

MINDESTMASZ STAHLBETON

6.3.2 Ortbetontreppen

Die Treppen bestehen im wahren Sinne des Wortes aus vor Ort (an der Baustelle) hergestellten Stahlbetonlaufplatten mit Stufenausbildung für den späteren Belag.

6.3.3 Fertigteiltreppen

Die Treppenläufe und Stufen werden im Werk vorgefertigt und bei hohem Gewicht mit dem Baukran zwischen die Podeste gesetzt. Die Fertigteile werden entweder »halbfertig« oder »komplett« mit fertigem Oberbelag hergestellt und montiert.

6.3.4 Konstruktionssysteme

Ein wichtiges Entscheidungskriterium für die Wahl des Konstruktionssystems ist die spätere Schallschutzanforderung an die Treppenanlage.
Die Stahlbetontreppen werden in massive Wandkonstruktionen eingebunden. Diese bestehen aus Mauerwerk, Stahlbeton oder einer Kombination dieser Materialien. Folgende Unterscheidungen werden getroffen:

In Querrichtung eingespannt
– beidseitig eingespannt,
– einseitig eingespannt (erhöhte Stahlbewehrung) als Kragarm,
– einseitig eingespannt mit Unterstützung (Stahl oder Stahlbetonträger),
– beidseitig aufgelagert.

In Längsrichtung eingespannt
– Plattentreppe, Stufen als Fertigteile oder Stufenausbildung im Ortbeton,
– Wangentreppe,
– Balkentreppe mit einem Holm,
– Balkentreppe mit zwei Holmen,
– Plattenbalkentreppe,
– Faltwerktreppe.
Zu den Sonderkonstruktionen gehört zum Beispiel eine Spartreppe als Faltwerk mit einem Holm.

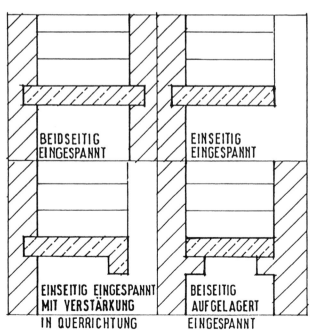

IN QUERRICHTUNG EINGESPANNT

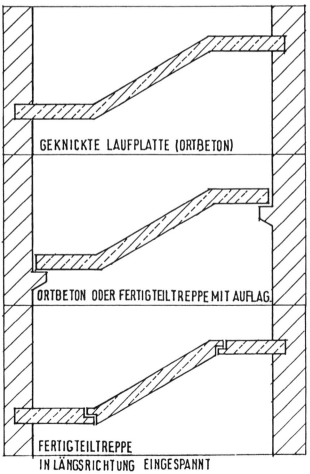

IN LÄNGSRICHTUNG EINGESPANNT

Wendel- und Spindeltreppen

Analog zu den Natur- und Kunststeintreppen werden Wendel- und Spindeltreppen auch in Stahlbeton konstruiert. Gerade bei Spindeltreppen ergibt sich die Möglichkeit, die tragende Konstruktion aus Betonfertigteilen zu produzieren.

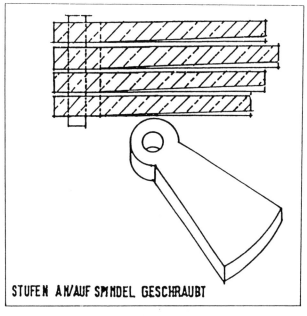

STUFEN AN/AUF SPINDEL GESCHRAUBT

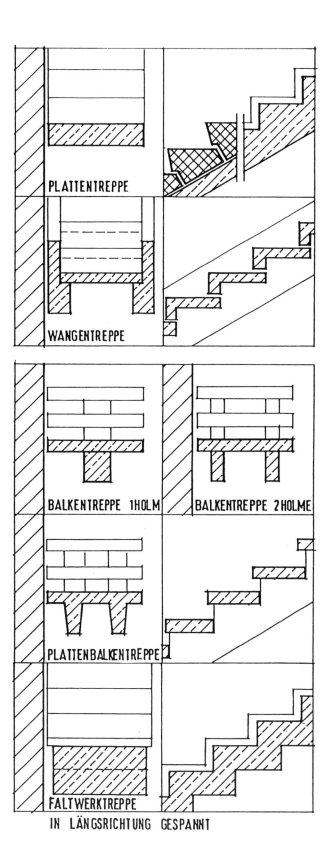

PLATTENTREPPE
WANGENTREPPE
BALKENTREPPE 1 HOLM | BALKENTREPPE 2 HOLME
PLATTENBALKENTREPPE
FALTWERKTREPPE
IN LÄNGSRICHTUNG GESPANNT

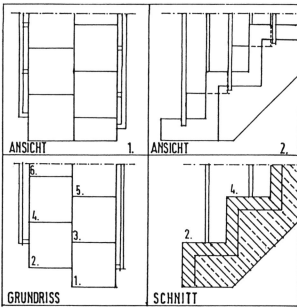

ANSICHT 1. | ANSICHT 2.
GRUNDRISS | SCHNITT
EINHOLMIGE SPARTREPPE

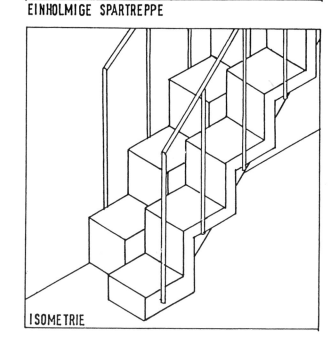

ISOMETRIE

6.3.5 Details

Stufenbeläge
Das gewünschte Material des Stufenbelags (Textil, Natur- und Kunststein sowie Holz und Metall) gibt je nach Erfordernis und Gestaltungswille den Unterbau (zum Beispiel Mörtelbett) vor.

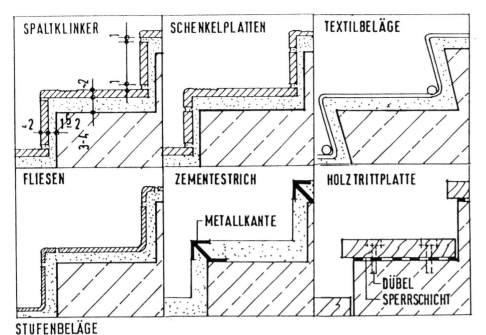

Seitliche An- und Abschlüsse
Die Detailausbildung ist hier unter anderem abhängig von dem Oberbelag, dem Material des Treppenlaufs (Sicht- oder Ortbeton) und der Geländerbefestigung. Bei Ortbeton muß der Treppenlauf geputzt, zumindest aber gespachtelt und anschließend gestrichen werden, weil in der Regel die örtliche Ausführung zu unsauber ist.

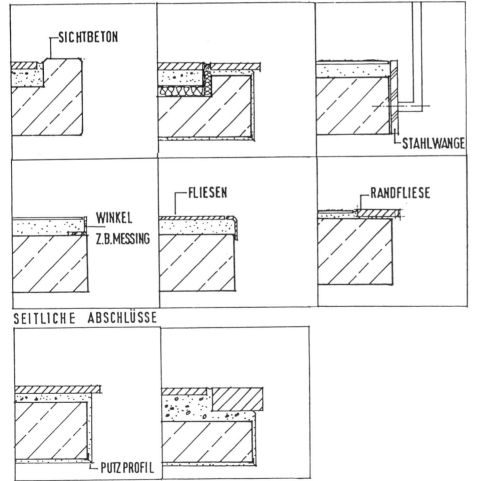

Geländer und Handlauf in Beispielen

Geländer und Brüstungen
1 + 2 Massive Brüstung aus Mauerwerk oder Beton mit Handlauf, verputzt, gespachtelt und/oder gestrichen.
3 Brüstungselemente in Beton, Kunst- oder Naturstein, nachträglich seitlich an die Treppe montiert.
4 Brüstungselement aus Rohr- und Profilkonstruktion mit Füllung (Acryl- oder Sicherheitsglas), Metallplatten (zum Beispiel Lochbleche) und Holzplatten (zum Beispiel Sperrholz).
5 + 6 Metallrohre und/oder Profilstäbe mit Handlauf in senkrechter Anordnung.
7 + 8 Metallrohre und Stäbe in horizontaler Anordnung.

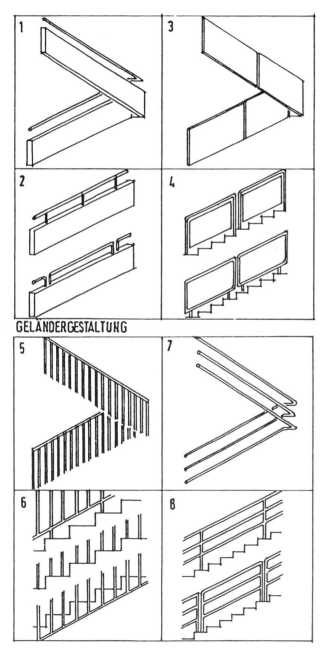

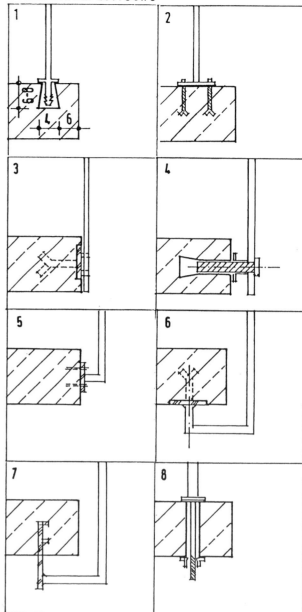

Geländerbefestigung
Von oben
1 in Aussparung versetzt, vergossen und mit Rosette abgedeckt.
2 Gedübelt und mit Metallplatte verschraubt.
Seitlich
3 An vergossenes Flacheisen verschraubt.
4 In Dübel und Distanzhalter verschraubt.
5 Flacheisen verdübelt und angeschraubt.
Von unten
6 Auf eingegossenes Flacheisen geschweißt.
7 An mit Armierungen verschweißtes Flacheisen nachträglich angeschweißt.
Von oben durchgehend
8 Durch Aussparung geführt und vergossen oder verschraubt.

Handlauf
Material:
- Holz,
- Kunststoff
- Metall,
- Natur- oder Werkstein.

Bischöfliches Seminar in Eichstätt
Arch.: Karljosef Schattner

Kunstsammlung Nordrhein-Westfalen in Düsseldorf
Arch.: Hans Dissing, Otto Weitling

Domdekanei in Eichstätt
Arch.: Karljosef Schattner

Museum für Kunsthandwerk in Frankfurt/Main
Arch.: Richard Meier

Mallinckrodt-Gymnasium in Dortmund
Arch.: Brigitte und Christoph Parade

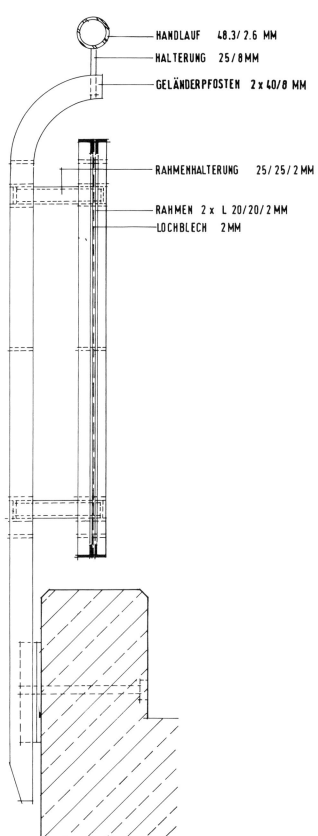

- HANDLAUF 48.3/ 2.6 MM
- HALTERUNG 25/ 8 MM
- GELÄNDERPFOSTEN 2 x 40/8 MM
- RAHMENHALTERUNG 25/ 25/ 2 MM
- RAHMEN 2 x L 20/20/2 MM
- LOCHBLECH 2 MM

EKD in Hannover,
Arch.: Bangert, Jansen, Scholz + Schultes

Wohnhaus in Berlin

Parkhaus am Flughafen Hamburg
Arch.: v. Gerkan, Marg + Partner

Geschäftshaus Moll in München
Arch.: Hilmer + Sattler (links)

Ausbildungszentrum Kloster Gerleve
Arch.: Josef Paul Kleihues

Internationales Bildungszentrum in Berlin
Arch.: Otto Steidle

6.4 Schallschutz

Maßgebend für den Schallschutz bei Treppen ist die DIN 4109. In der DIN 4109 (Ausgabe Nov. 1989) werden erstmals (Mindest-)Anforderungen aufgenommen. Im Beiblatt 2 zur DIN 4109 werden Vorschläge für einen erhöhten Schallschutz und Empfehlungen zum Schallschutz im eigenen Wohn- oder Arbeitsbereich genannt. Dieser sogenannte »erhöhte Schallschutz« ist vertraglich gesondert zu vereinbaren. Im September 1994 erschien die auf privatrechtliche Belange abzielende VDI-Richtlinie 4100 »Schallschutz von Wohnungen«. Die VDI 4100 gibt Empfehlungen an den Trittschallschutz von Treppen, die noch über denen im Beiblatt 2 zur DIN 4109 liegen. Treppen nachträglich schallschutztechnisch zu verbessern, ist mit großem Aufwand und hohen Kosten verbunden. Daher sollte schon im Entwurf dem Schallschutz große Beachtung geschenkt werden. Bei der Detaillierung und der späteren Bauausführung vor Ort ist entsprechende Sorgfalt erforderlich.

Regel 1
Treppen an nachbarliche Grenzwände anzuordnen, ist akustisch immer ungünstig. Es empfiehlt sich eine räumliche Trennung (Doppelwand mit durchgehender Trennfuge) oder eine Verlegung der Treppen.

Regel 2
Bei Treppen gilt für die Trittschalldämmung das gleiche wie bei Geschoßdecken. Eine massive Konstruktion ist günstiger als eine leichte Konstruktion, wie zum Beispiel Stahlprofile mit Hohlräumen.

Regel 3
Der Körperschall wird über die Auflagerpunkte der Treppenläufe und die Podeste ins Gebäudetragwerk übertragen. Die Auflager sind daher speziell auf diese erforderlichen Schallschutzmaßnahmen abzustimmen:
– körperschallgedämmte Auflagerungen, zum Beispiel Neoprenlager, der Treppenläufe und -podeste,
– schwimmende Estriche auf den Podesten.

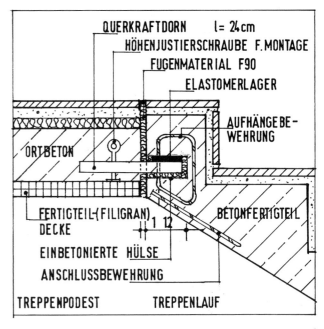

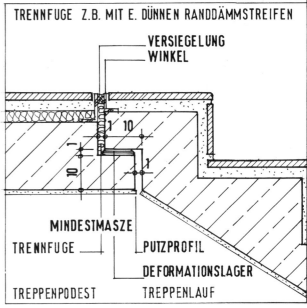

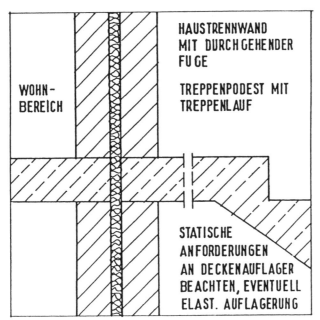

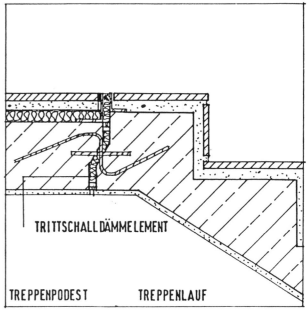

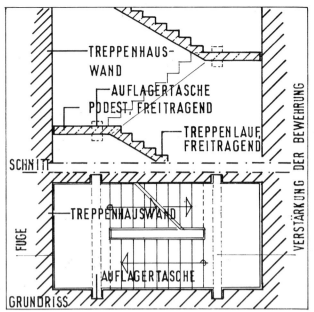

Regel 4
Vermeiden von Schallbrücken in Treppenhäusern, insbesondere im Bereich der Wohnungseingangstüren:
– Trennung des Estrichs (Dämmstreifen),
– Anordnung von Türschwellen.

Regel 5
Schwimmend verlegte Treppenstufen und -beläge sind nur als Behelfsmaßnahmen anzuwenden, wenn andere Lösungen nicht ausreichen.

Regel 6
Weiche, textile Oberbeläge verbessern den Schallschutz. Sie sind jedoch nur als Ergänzungsmaßnahmen oder als nachträgliche Lösung zu betrachten: wegen der stärkeren Abnutzung, der Reinigung und auch im Hinblick auf den Brandschutz.

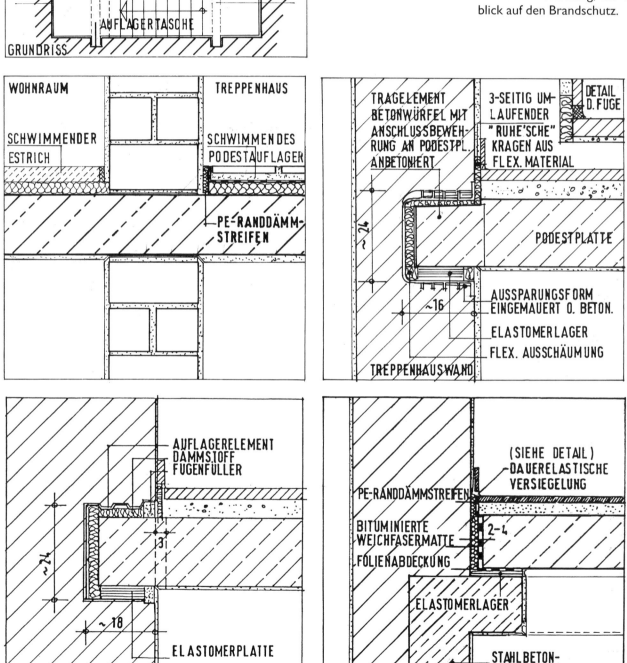

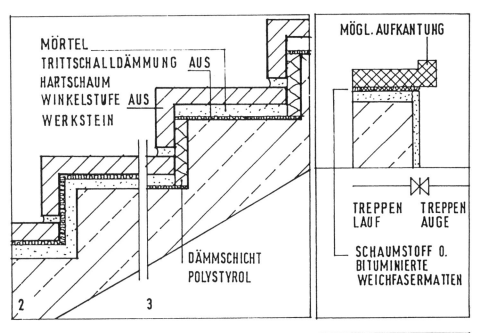

Die Regeln lassen sich in aktive und passive Schallschutzmaßnahmen einteilen. Aktive Maßnahmen betreffen die Planung und Detaillierung. Passive Maßnahmen sind zum Beispiel schwimmende Stufen und Beläge.

Entwurfsspezifische Überlegungen, zum Beispiel die Verkehrserschließung, geben teilweise den Ausschlag für die Lage des Treppenhauses. Eine schalltechnisch optimale Anordnung ist nicht immer möglich. Wenn die Lage aus funktionalen Gründen nicht beeinflußt werden kann, so sind in jedem Falle die spätere Ausführung und Detailplanung unter Berücksichtigung des Schallschutzes zu konzipieren. Dem horizontalen Übertragen von Trittschall in angrenzende Räumlichkeiten – bzw. diagonal in die darunterliegenden Aufenthaltsräume – gilt dabei das Hauptaugenmerk.
Bei der Planung sind die Lage und der Frequentierungsgrad der Treppe oft ausschlaggebend. Nebentreppen oder Hilfstreppen unterliegen nicht so hohen Anforderungen wie notwendige Treppen (zum Beispiel stark benützte Haupterschließungstreppen in Mehrfamilienhäusern). Die am häufigsten benutzten Treppen bei gleichzeitig hohem Ruheanspruch befinden sich in Reihen- und Doppelhäusern.
Abkürzungen

$R'w$ = bewertetes Schalldämm-Maß $R'w$ in dB mit Schallübertragung über flankierende Bauteile,
$L'n,w$ = bewerteter Norm-Trittschallpegel $L'n,w$ in dB.

Empfehlungen für normalen und erhöhten Schallschutz, Luft- und Trittschalldämmung von Bauteilen zum Schutz gegen Schallübertragung aus dem eigenen Wohn- oder Arbeitsbereich (DIN 4109, Beiblatt 2, Tabelle 3). Noch weitergehende Empfehlungen für einen hochwertigen Schallschutz sind in der Richtlinie VDI 4100, Tabellen 2, 3 und 4 enthalten.

Keine Forderungen bestehen an Treppenläufe in Gebäuden mit Aufzug und an Treppen in Gebäuden mit nicht mehr als zwei Wohnungen.

Empfehlungen für den normalen und erhöhten Schallschutz

Treppenläufe und Podeste

Haustyp	DIN 4109 normaler	DIN 4109 erhöhter	VDI-4100 SSt III
Mehrfamilienhäuser	$L'_{n,w} \leq 58$ dB	≤ 46 dB	≤ 46 dB
Doppel-/Reihenhäuser	$L'_{n,w} \leq 53$ dB	≤ 46 dB	≤ 39 dB
Einfamilienhäuser	$L'_{n,w}$ --	≤ 53 dB	≤ 46 dB
Bürohäuser	$L'_{n,w} \leq 53$ dB	≤ 46 dB	--

Weichfedernde Bodenbeläge dürfen für den Nachweis des Trittschallschutzes angerechnet werden. Es ist darauf zu achten, daß der Vorschlag für den erhöhten Schallschutz an die Trittschalldämmung in fremde Aufenthaltsräume wirkt, ganz gleich, ob sie in waagerechter, schräger oder senkrechter (nach oben) Richtung erfolgt.

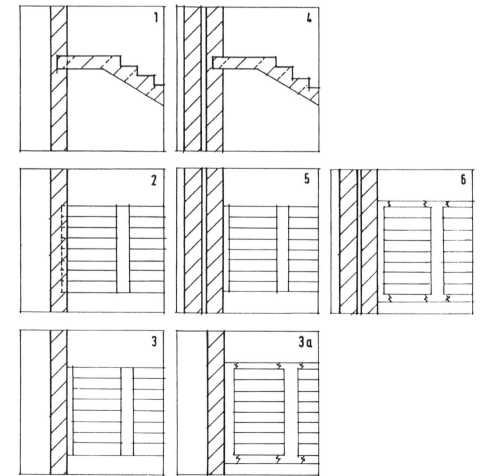

Treppen und Treppenraumwand	$L_{n,w,eq,R}$ dB	$L'_{n,w,R}$ dB
1 Treppenpodest, fest verbunden mit einschaliger, biegesteifer Treppenraumwand (flächenbezogene Masse 380 kg/m²)	66	70
2 Treppenlauf, fest verbunden mit einschaliger, biegesteifer Treppenraumwand (flächenbezogene Masse 380 kg/m²)	61	65
3 Treppenlauf, abgesetzt von einschaliger, biegesteifer Treppenraumwand	58	58
4 Treppenpodest, fest verbunden mit Treppenraumwand und durchgehender Gebäudetrennfuge	≤ 53	≤ 50
5 Treppenlauf, abgesetzt von Treppenraumwand und durchgehender Gebäudetrennfuge	≤ 46	≤ 43
6 Treppenlauf, abgesetzt von Treppenraumwand und Gebäudetrennfuge auf Treppenpodest elastisch gelagert	38	42

3a Keine Angaben nach Norm, nur Eignungsprüfzeugnisse der Hersteller (beim rechnerischen Nachweis 2 dB Vorhaltemaß berücksichtigen)

Aus: Volksstimme 26.03.01

HINTERGRUND

Unfall-Haftpflicht

Nur Innentreppe muss ein Geländer haben

Ingrid Richter aus Halberstadt stürzte auf einer öffentlichen Treppe in der Innenstadt und zog sich eine komplizierte Ellenbogenfraktur zu. Ein Geländer war nicht vorhanden. Muss die Stadt dafür haften?, fragte die Leserin.

Muss sie nicht, ergab die Recherche des Leseranwaltes. Baurechtliche Vorschriften gibt es nur für Innentreppen, so die Information aus dem Bauministerium. Für Stufen im Freien greift das Zivilrecht.

Haftpflichtprobleme für Städte und Gemeinden in Sachsen, Thüringen und Sachsen-Anhalt behandelt der Kommunale Schadensausgleich (KSA) in Berlin. Die Versicherungsbehörde teilte Familie Richter mit, dass die Stadt keine Verkehrssicherungspflichten versäumt habe. In der Regel ist die Verkehrssicherheit von Treppen bis zu fünf Stufen ohne Handlauf gewährleistet, auch an der Unfallstelle sei ein Geländer nicht erforderlich.

Zur Verwunderung der Richters wurde aber nur wenige Tage nach dem Unfall genau an dieser Stelle ein Geländer angebracht. „Offenbar sah die Stadtverwaltung es doch für nötig an, die Gefahrenstelle zu sichern", meinte Frau Richter.

„Wenn eine Gefahrenstelle optimiert wird, ist das nicht automatisch ein Schuldeingeständnis, dass die bisherige Beschaffenheit nicht ausreichend war", teilte die Stadtverwaltung mit. Um die „optimierte Gefahrenstelle" macht Frau Richter künftig einen großen Bogen.

6.5 Standsicherheit

Nach DIN 1055, Lastenannahmen für Bauten, sind folgende Verkehrslasten anzusetzen:
in Wohngebäuden: 3,5 kN/m²
in öffentlichen Gebäuden: 5,0 kN/m²
Trittstufen ohne Setzstufen sind für eine Einzellast in ungünstiger Stellung zu bemessen:
in Wohngebäuden: 1,5 kN/m²
in öffentlichen Gebäuden: 2,0 kN/m²
In Höhe der Geländerholme sind horizontale Lasten anzunehmen:
in Wohngebäuden: 0,5 kN/m²
in öffentlichen Gebäuden: 1,0 kN/m²
Treppen sind konstruktiv so aufzulagern, daß horizontale Lasten in Treppenlängs- und querrichtung aufgenommen werden können. Fehlt die zur notwendigen Einspannung erforderliche Auflast des Treppenhausmauerwerks (zum Beispiel unter Treppenhausfenstern), so muß durch geeignete konstruktive Maßnahmen (zum Beispiel Randträger) die erforderliche Einspannung der Kragtreppe gesichert werden. Wenn bei Treppen (zum Beispiel in Fabrikgebäuden, Warenhäusern u. ä.) mit besonders großen Einzellasten zu rechnen ist, sind Stufen ohne hinreichende Lastenverteilung unzulässig.

6.6 Beispiele für Massivtreppen

WDR, Neubau Landesstudio Düsseldorf
Arch.: Brigitte und Christoph Parade

WDR, Neubau Landesstudio Düsseldorf
Arch.: Brigitte und Christoph Parade

Museum Abteiberg in Mönchengladbach
Arch.: Hans Hollein

Diözesan-Museum in Eichstätt
Arch.: Karljosef Schattner

Mallinckrodt-Gymnasium in Dortmund
Arch.: Brigitte und Christoph Parade

Haus Heinze in Köln-Rodenkirchen
Arch.: Heinz Bienefeld

Deutsches Postmuseum in Frankfurt/Main
Arch.: Behnisch + Partner

Plenarsaal für den Deutschen Bundestag in Bonn
Arch.: Behnisch + Partner

Wohnhaus in München, Hirschgartenallee
Arch.: Georg Küttinger

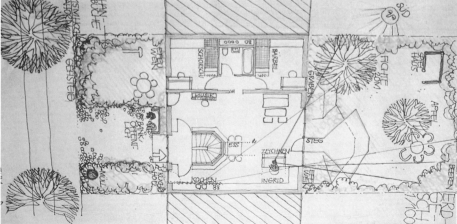

*Wallfahrtskirche in Ronchamp
Arch.: Le Corbusier*

*Mallinckrodt-Gymnasium
in Dortmund
Arch.: Brigitte und
Christoph Parade*

*Le Grand Louvre in Paris
Arch.: Ieoh Ming Pei
& Associates*

*Parkhaus
Flughafen Hamburg
Arch.: v. Gerkan,
Marg + Partner*

Haus Pahde in Köln
Arch.: Heinz Bienefeld

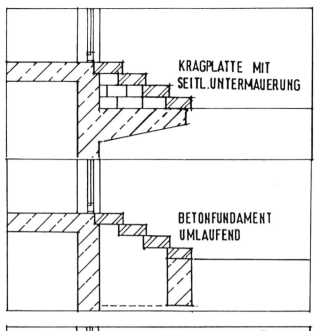

HAUSEINGANGSTREPPEN

6.7 Außentreppen

Da diese außerhalb des Gebäudes liegen, sollten sie frostfrei gegründet werden. Das Material muß frostbeständig sein und eine Oberfläche aufweisen, die auch bei feuchten Stufen rutschsicher ist.

Bei der Planung von Außentreppen ist zu beachten:
- sorgfältige Gründung, frostfrei und auf tragfähigem Grund;
- Gehsicherheit durch geringe Steigungshöhe, ca. 14–16 cm;
- Rutschsicherheit durch Oberflächenbehandlung (zum Beispiel Aufrauhen);
- Trittfläche mit leichtem Gefälle (2–3%) zu Setzstufe verlegen, damit das Wasser abfließen kann. Auch eine seitliche Rinne ist dafür möglich.

Beispiel Kellerabgang:
- Stampfbeton auf Kies oder Magerbetonschicht, ca. 2 cm Zementestrich als trittfeste Oberfläche oder zum Ausgleich der ungenauen Stufen.

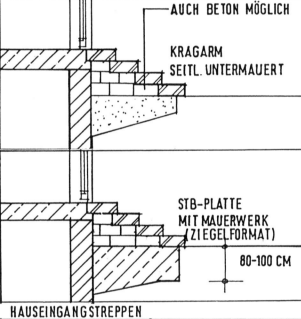

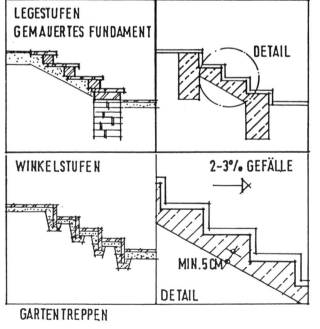

GARTENTREPPEN

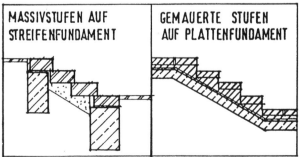

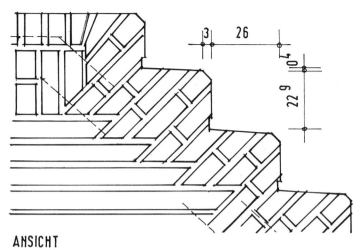
ANSICHT

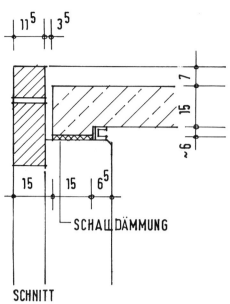
SCHNITT

Haus Faber in Krefeld
Arch.: Heinz Bienefeld

Pfarrhaus, St. Jacobi in Berlin
Arch.: Dieter Frowein, Gerhard Spangenberg

Wallraf-Richartz-Museum in Köln
Arch.: Peter Busmann und Godfried Haberer

Verlag Gruner + Jahr in Hamburg
Arch.: Steidle, Kiessler + Schweger

Kunstsammlung
Nordrhein-Westfalen
in Düsseldorf
Arch.: Hans Dissing und
Otto Weitling

*Museum für Vor- und Frühgeschichte
in Frankfurt/Main
Arch.: Josef Paul Kleihues*

*Wohnhaus an der Elbchaussee in Hamburg
Arch.: v. Gerkan, Marg + Partner (unten)*

*Sagebiels-Treppe
in Hamburg-Blankenese*

7.0 Holztreppen

Wohnungsbau in Hampstead bei London
Arch.: Bolles Wilson mit Chossy Wright

7.1 Allgemeines

Schon von alters her wird das Material Holz beim Treppenbau eingesetzt. Es ermöglicht die Umsetzung fast aller Treppenkonstruktionsprinzipien. Werden »notwendige Treppen« als Holzkonstruktion ausgeführt, so gilt hier dem Brandschutz besonderes Augenmerk. Durch zusätzliche Maßnahmen kann die Feuerwiderstandsklasse F 30 (feuerhemmend) erreicht werden. Möglichkeiten sind zum Beispiel das Verputzen der Treppenunterseite oder ein Feuerschutzanstrich der Treppe. Holztreppen werden daher überwiegend in Einfamilienhäusern als interne Verbindungstreppe zwischen zwei Geschossen und als Dachbodentreppe ausgeführt.
Bei Holztreppen unterscheidet man:
– zimmermannsmäßige Konstruktion (ohne statische Berechnung),
– zu berechnende Treppe (mit Statik),
– typengeprüfte Konstruktion.

7.2 Konstruktionssysteme/Bauarten

Hinsichtlich der Konstruktion wird bei geradläufigen Treppen unterschieden in:
– Blocktreppen,
– aufgesattelte Treppen,
– gestemmte Treppen
– eingeschobene Treppen.
Sonderformen sind:
– Wendeltreppen,
– Spindeltreppen,
– abgehängte Treppen,
– Konsoltreppen,
– Spartreppen.

7.2.1 Blocktreppen

Die Blocktreppe gehört zu den ältesten Holztreppenkonstruktionen. Einige wenige sind davon heute noch in Betrieb. Bei dieser historischen Treppenbauart werden die dreieckförmigen Tritte aus einem Stamm geschlagen und mit Holznägeln auf zwei Tragbalken genagelt. Dabei werden die Holztritte an der Hinterkante befestigt, so daß diese massiven Holzstufen arbeiten können. Eine weitere Variante ist das Einmauern einer Stufenseite in eine Wand und das Auflagern der anderen Stufenseite bzw. Unterstützen durch einen Tragbalken. Eine zeitgemäße Variante ist die Ausführung aus Brettschichtholz, eine weitere Variante das Einschneiden von Stufenwiderlagern in die Tragbalken.

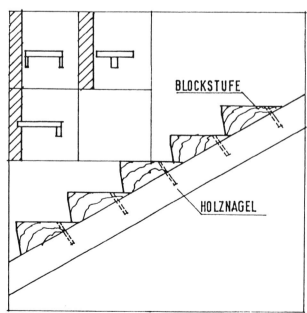

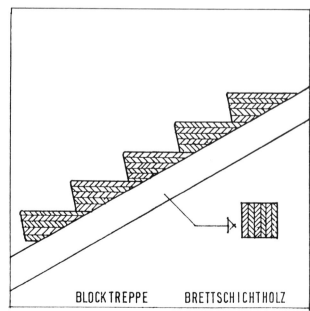

7.2.2 Aufgesattelte Treppen

Bei der aufgesattelten (aufgesetzten) Treppe werden die Trittstufen auf die Wangen gelegt und befestigt. Durch das Ausschneiden der Auftritts- und Steigungsflächen sind die Wangen oder Holme in ihrem statischen Querschnitt geschwächt. Damit ist die Tragfähigkeit vermindert. Um die Wangen- oder Holmquerschnitte schlank zu halten und auf ihr statisches Mindestmaß zu beschränken, werden oft aufgeschraubte und abgetreppte Flachstahlprofile verwendet. Eine Kombination von gestemmter und aufgesattelter Treppe war in der Gründerzeit die gebräuchlichste Geschoßtreppe im Wohnungsbau. Dabei war die Wandwange gestemmt und die Freiwange aufgesattelt. Dieser Treppentyp erfreut sich heutzutage wieder zunehmender Beliebtheit. Die Holme rücken nach innen, und die Setzstufen entfallen. Dank der modernen Holzverarbeitungsmethoden werden aufgesattelte Treppen üblicherweise mit verleimten Holmen hergestellt. Bei gekrümmten Holmen werden die einzelnen Schichten der Furnier- oder dünnen Sperrholzplatten mit Hilfe eines Lehrgerüsts verleimt. Mischformen, zum Beispiel Hängekonstruktionen und Konsolen, sind umsetzbar.

7.2.3 Gestemmte und eingeschobene Treppen

Varianten dieser Treppenkonstruktionen sind eingeschobene und halbgestemmte Treppen.

Sind die Trittstufen in Nuten beidseitig in die Wangen eingeschoben, so spricht man auch von der *eingeschobenen* Treppe. Auf ein Sichern der Wangen, das heißt Zusammenhalten der Wangen mit Treppenschrauben, kann verzichtet werden, wenn die Nuten ca. 2 bis 2,5 cm tief schwalbenschwanzförmig ausgebildet sind.

Die Wangenhöhe ist bei dieser Treppenkonstruktion von der Stufentiefe abhängig.

Die *halbgestemmte* Treppe differiert von der *gestemmten* durch den Fortfall der Setzstufen. Bei beiden Treppenkonstruktionen kann die Durchsicht der Treppe durch Verschalen der Unterseite vermieden werden. Bei der gestemmten Treppe sind die Tritt- und Setzstufen in die

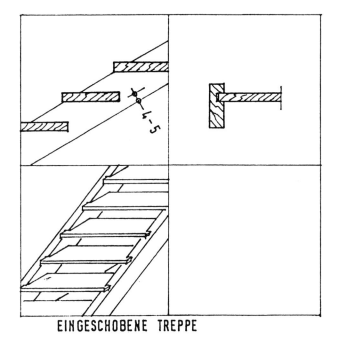

EINGESCHOBENE TREPPE

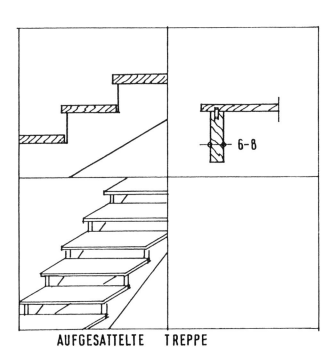

AUFGESATTELTE TREPPE

Wange eingestemmt. Die Wangen werden durch Treppenschrauben verbunden und vorgespannt. Dadurch entsteht ein räumliches Tragwerk, das bei gewendelten Treppen eine freitragende Konstruktion ermöglicht. Die Setzstufen werden an der Oberseite mit Keilfedern oder ähnlichen Elementen in voller Dicke in die Trittstufen eingefügt. Die Setzstufen-Oberkante wird auf der gesamten Stufenlänge um 1 bis 2% überhöht. Das Abnageln der gestemmten Treppe erfolgt von oben nach unten. Dabei werden jeweils zwei Trittstufen mit Hilfe von Keilhebeln auseinandergedrückt. Die Setzstufen werden mit mindestens fünf Nägeln (versetzt angeordnet) gegen die untere Trittstufe genagelt. Die Setzstufe paßt sich nach Entfernen der Keile in die Nute der oberen Trittstufe ein. So ist bei Schwingen des Holzes kein Knarren zu befürchten. Diese Vorspannung bewirkt eine kraftschlüssige Lastverteilung.

Die Anordnung der Treppenschrauben erfolgt unter oder innerhalb etwa jeder dritten Trittstufe.

7.2.4 Wendel- und Bogentreppen

Sonderformen der genannten Konstruktionssysteme sind die *Wendeltreppen*.

Bei halb- oder viertelgewendelten Treppen übereck werden gerade Wandwangen an den Stoßpunkten verzwickt. Die Innenwange besteht aus geraden Wangenstücken und Krümmlingen.

Bei *Bogentreppen* sind beide Wangen in einem mehr oder weniger großen Halbkreis gekrümmt. Sie setzen sich aus einzelnen, miteinander verbundenen Krümmlingsstücken zusammen.

Bestehen die Holme oder Wangen aus Furnier- oder dünnen Sperrholzplatten, wird die Treppe mit Hilfe eines Lehrgerüsts aufgestellt. Auf eine Hilfsunterkonstruktion kann beim Einbau von Holztreppen nur in Ausnahmefällen verzichtet werden.

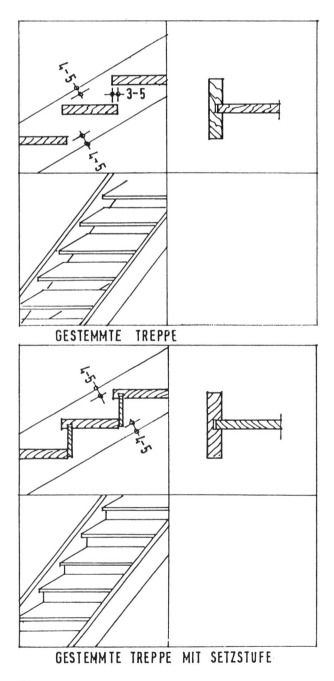

GESTEMMTE TREPPE

GESTEMMTE TREPPE MIT SETZSTUFE

EINHOLMIGE GEWUNDENE TREPPE MIT AUFGESATTELTEN TRITTSTUFEN

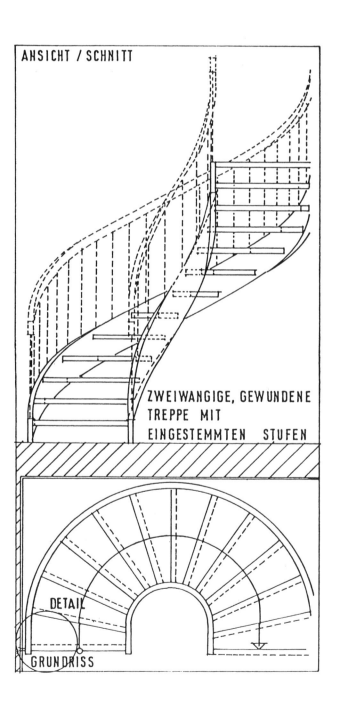
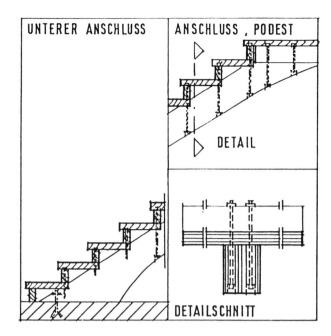
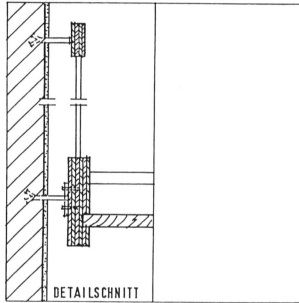

7.2.5 Spindeltreppen

Eine weitere Sonderform sind die Spindeltreppen. Die Spindeltreppe ist eigentlich eine Wendeltreppe mit sehr engem Radius, bei der die innere Wange durch eine Spindel ersetzt wird. Das Charakteristikum dieser Treppenform ist die in der Mitte angeordnete Spindel, um die herum die Stufen sowohl seiten- als auch höhenversetzt angeordnet sind. Alle Stufen sind dabei dreieck- oder trapezförmig ausgebildet. Der Handlauf ist bei Normaltreppen außenliegend.

A Spindeltreppe mit runder Umfassungswand und Wandwange. Die Spindel ist verleimt. Wange und Handlauf sind furniert. Die Stufenvorderkanten tangieren den Spindeldurchmesser, sind jedoch im Ansatz abgeschrägt.

B Spindeltreppe mit massiver Spindel aus Nadelholz. Die Trittstufen liegen auf eingebohrten und verkeilten Kragarmen auf. Die auskragenden Stufen mit den Kragarmen bestehen aus Laubholz.

C Spindeltreppe mit eingespannten Trittstufen (Stahlkern). Diese Form ist auch mit Zugschrauben möglich.

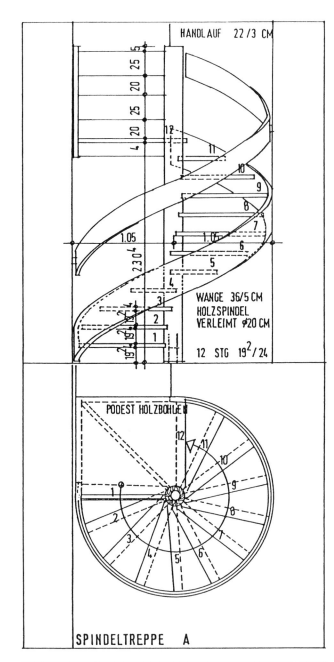

SPINDELTREPPE A

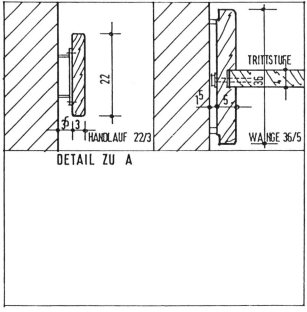

DETAIL ZU A

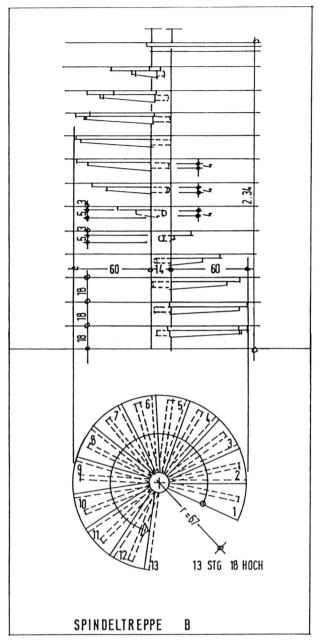

SPINDELTREPPE B

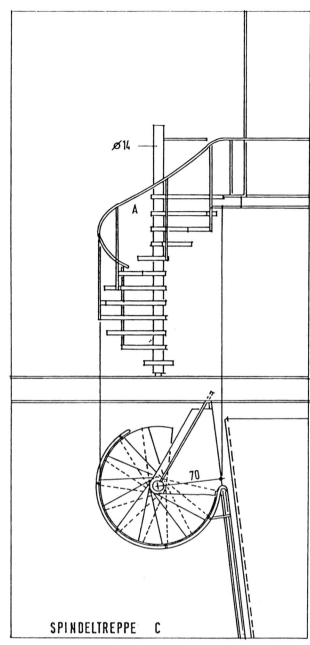

SPINDELTREPPE C

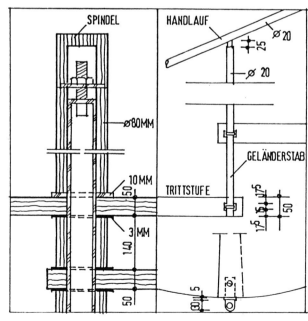

95

7.2.6 Aufgehängte Treppen

Bei dieser Treppenkonstruktion werden die Tritte an der der Wand gegenüberliegenden Seite an Rundstäben aus Stahl oder Metall befestigt. Die Tragelemente sind zur Stabilisierung jeder einzelnen Stufe (und damit der gesamten Treppe) mit der jeweils darüber- und darunter- gelagerten Trittstufe fest verbunden. Die Trittstufe wird an der Wandseite durch eingelassene Stahlanker und Winkeleisen fixiert und zusätzlich ausgesteift.

Harfentreppen
Diese Treppenform besteht aus Rundstählen. Daher können die Trittbretter frei schwingen. Durch ein Flacheisen wird die Distanz von Stab zu Stab fixiert. Ein Rohr dient als Distanzhalter in der Höhe. Die notwendigen Hülsenschrauben werden mit Spezialwerkzeug angezogen.

Geländertragende Treppen
Die Treppe am Handlauf abzuhängen, ist nur dann möglich, wenn dieser entsprechend dimensioniert wird. So kann ein verleimter, sehr kräftig ausgebildeter Handlauf als Träger für die abgehängten Trittstufen ausgelegt werden. Die weitere Detailausbildung erfolgt analog zu den aufgehängten Treppenkonstruktionen.

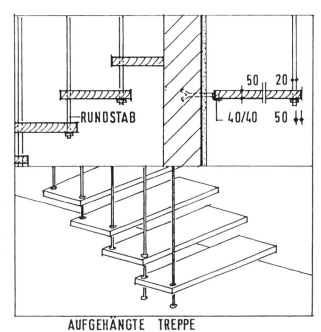

AUFGEHÄNGTE TREPPE

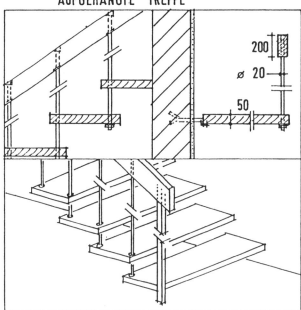

GELÄNDERTRAGENDE TREPPE

7.2.7 Konsoltreppen

Das Einspannen von auskragenden Holztritten in aufgehende Gebäudewände ist nicht erlaubt. Deshalb werden Stahlkonsolen in der Wandkonstruktion als Unterkonstruktion für die Holztritte verankert.

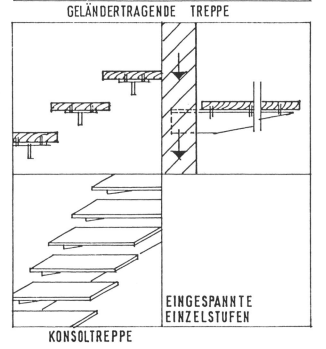

KONSOLTREPPE — EINGESPANNTE EINZELSTUFEN

7.2.8 Steiltreppen

Steiltreppen, auch Spar-, Watschel- oder Tangotreppen genannt, sind in vielerlei Formen möglich. Ihre Ausführung basiert auf den genannten Konstruktionssystemen.

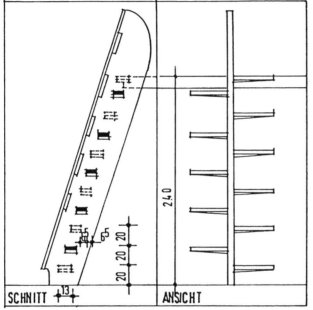

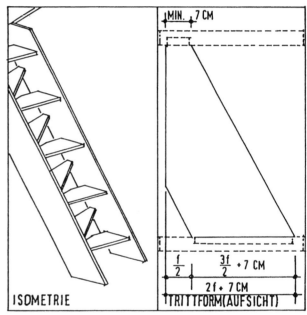

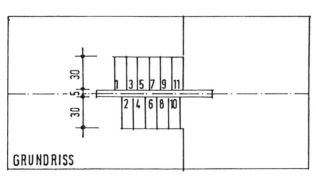

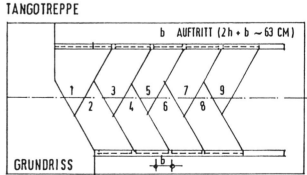

7.3 Details

7.3.1 Antritt, Austritt und Podest

Wohnhaustreppe

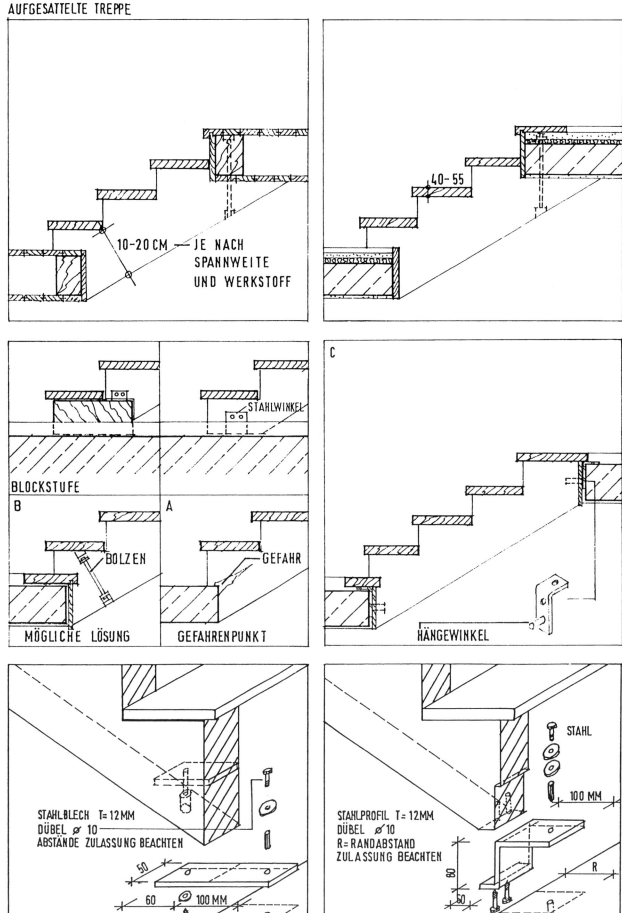

Aufgesattelte Wohnhaustreppen

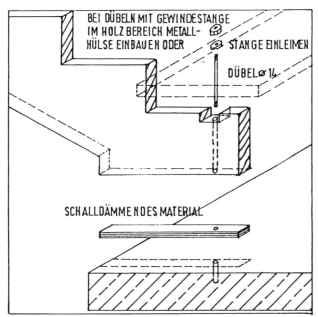
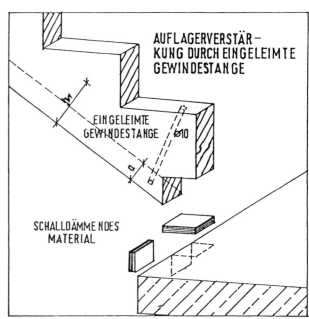
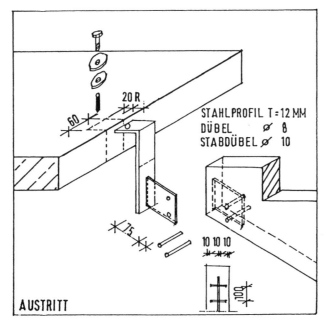
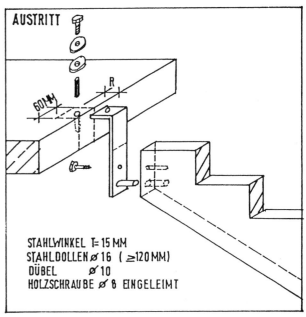
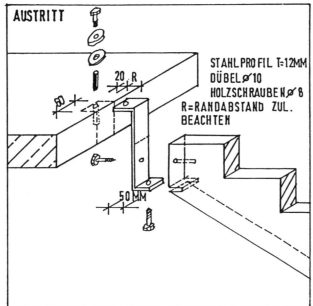
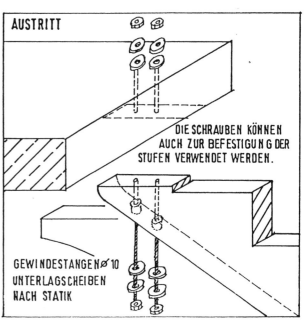

GESCHOBENE TREPPE

GESTEMMTE TREPPE

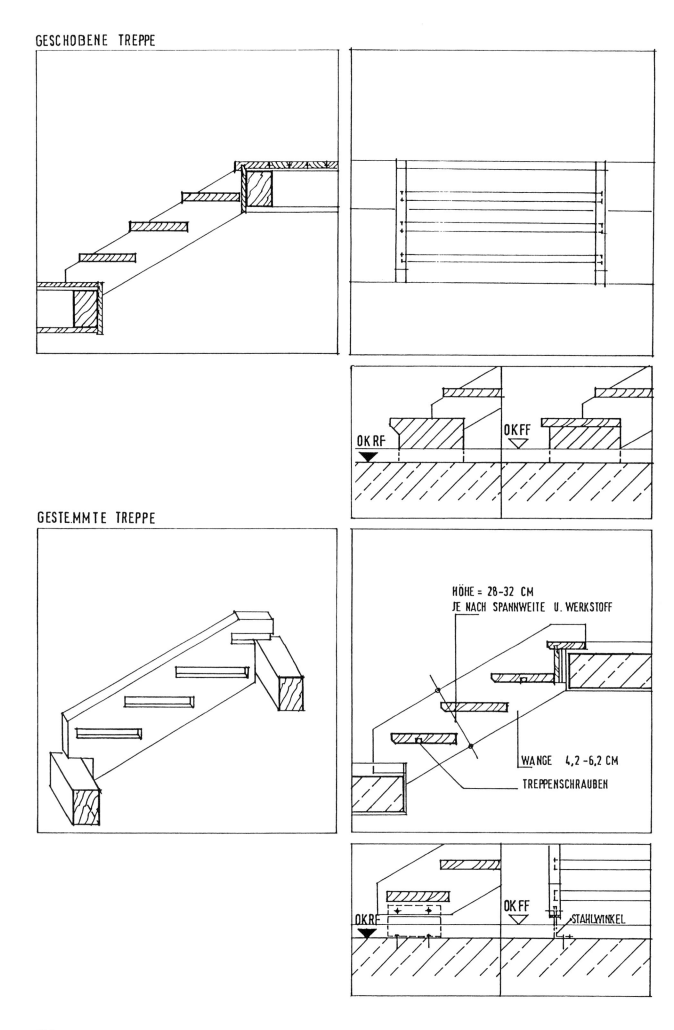

GESTEMMTE TREPPE

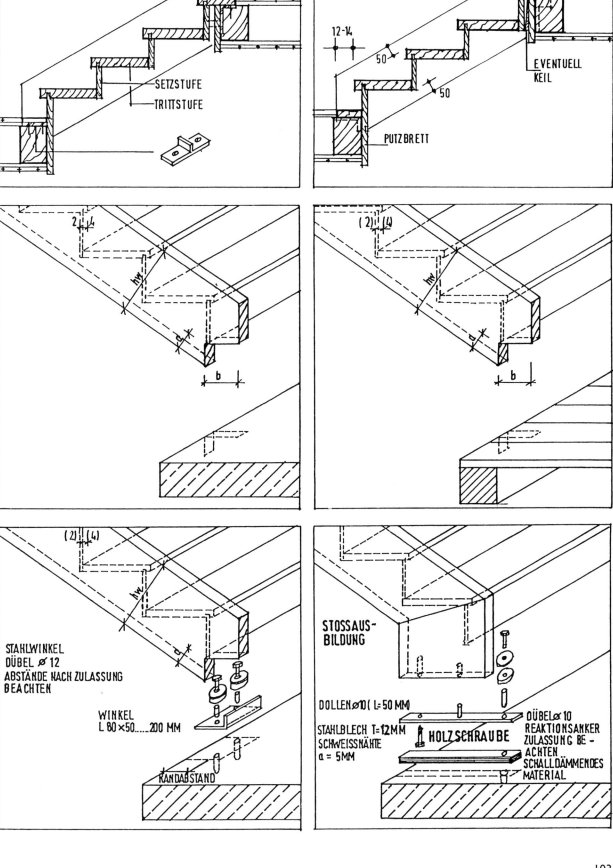

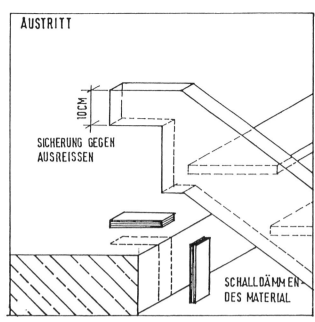

Gestemmte Wohnhaustreppe

Detailpunkt

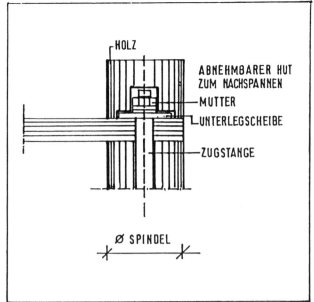

ANSCHLUSS STUFE AN SPINDEL

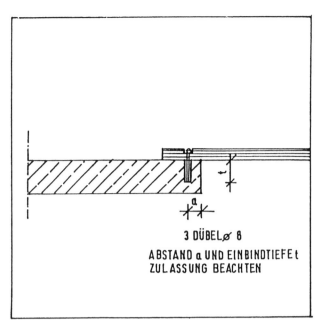

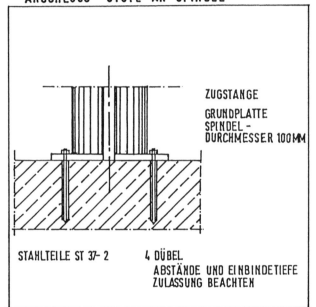

ANSCHLUSS SPINDEL AN ROHFUSSBODEN

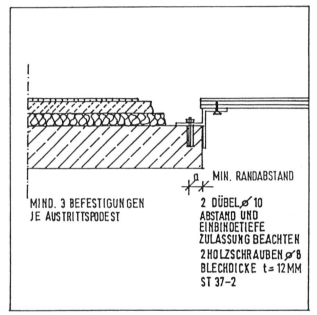

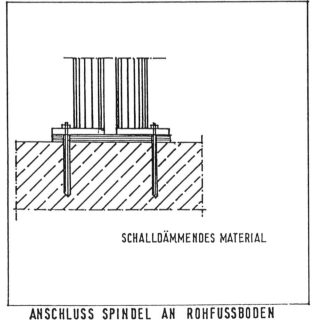

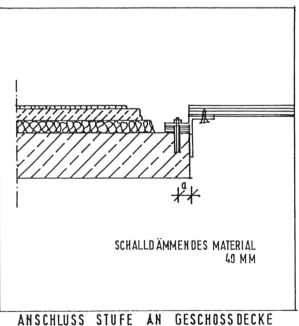

ANSCHLUSS STUFE AN GESCHOSSDECKE

7.3.2 Wangenstoß und Krümmling

Der Werkstoff Holz ist nicht in beliebiger Form als Vollholz lieferbar. Die Anordnung von entwurfsbedingten und konstruktiven Verbindungspunkten führt zur Ausbildung des *Wangenstoßes*.

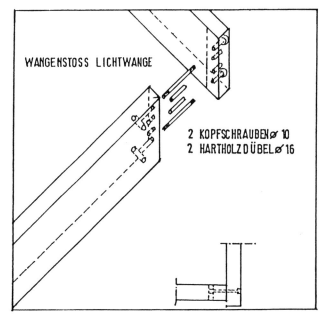

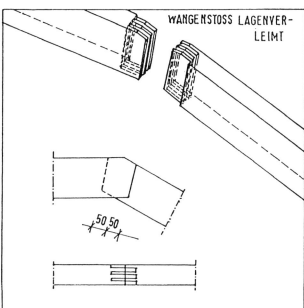

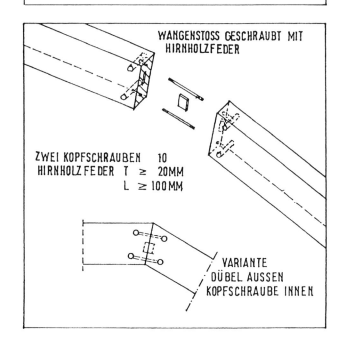

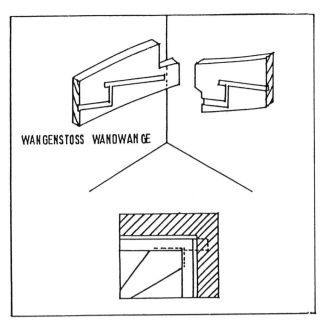

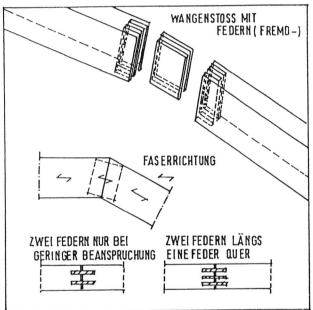

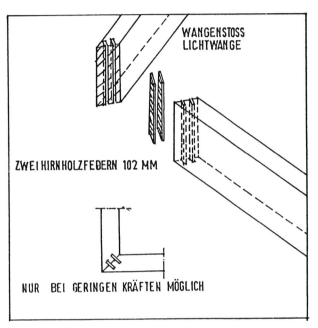

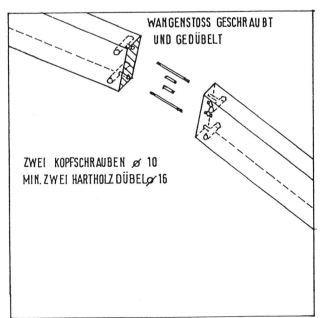

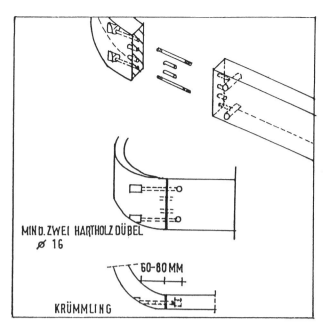

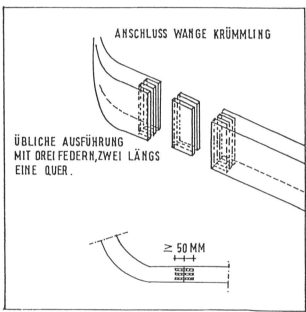

Der *Krümmling* ist das an die gerade Wange anschließende Element (auch Zwischenstück) zum nächsten geraden Wangenstück jeweils auf der Seite der Freiwange (auch innere Wange genannt).

Bei der Herstellung des Krümmlings wird von alters her mit Schablonen gearbeitet. Maßgebend ist die Abwicklungsfläche des Krümmlings. Bei Bogentreppen sind die Wangen in Bögen mit mehr oder weniger großem Halbmesser gekrümmt. Die Wangen setzen sich dann aus einzelnen Krümmlingsstücken zusammen. Bei kleinen Wendeltreppen wird die innere Wange durch eine Spindel ersetzt, in welche die Tritt- und Setzstufen analog eingestemmt werden. Krümmlinge aus verleimten Furnierblättern verdrängen immer mehr die althergebrachte Bauart aus vollem Holz. So sind heute mit dieser Leimtechnik auch weitgeschwungene Holztreppen baubar.

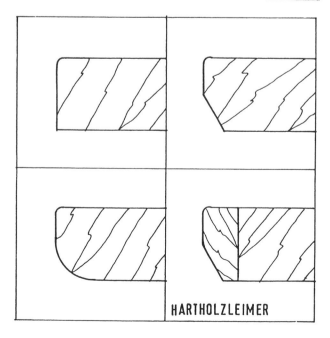

7.3.3 Stufenbefestigung und Stufenvorderkanten

Die Tritt-Vorderkante ist, um ein Absplittern zu verhindern, oben leicht gerundet. Aus technischen und aus Sicherheitsgründen ist eine Profilierung an der Oberseite zu vermeiden. Bei häufiger Benutzung der Treppe empfiehlt es sich, die Tritt-Vorderkante zusätzlich gegen Abnutzung zu schützen. Wird die Stufenabdeckung in Linoleum, Kunststoff oder ähnlichen Materialien ausgeführt, so sollte dieser Belag über die Tritt-Vorderkante herabgezogen werden. Hartholzleimer sind in den wenigsten Fällen zweckmäßig.

Wird die Trittstufe mit einem Belag abgedeckt und dieser über die Tritt-Vorderkante herabgezogen, so sollte der Kantenradius höchstens 1 cm betragen. Dabei ist die Vorderkante je nach Belag und Gestaltungsabsicht mit einem zusätzlichen Profil abzudecken.

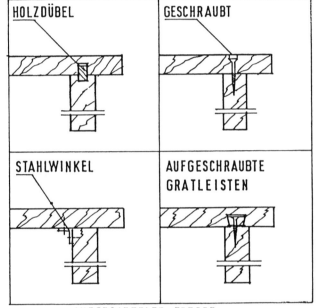

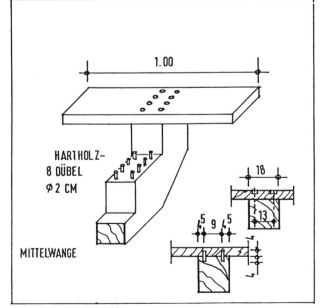

EINHOLMTREPPE

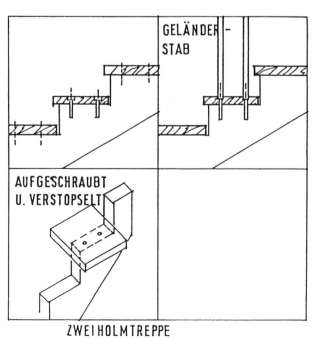

ZWEIHOLMTREPPE

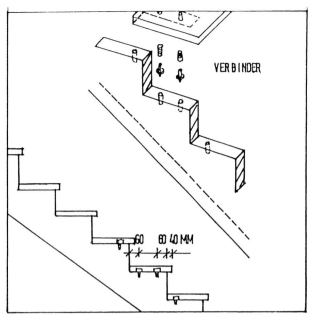
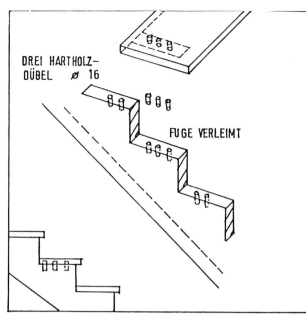

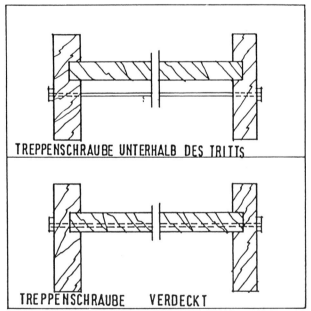
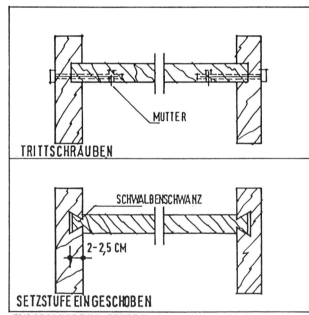
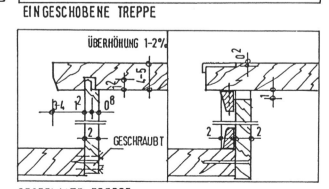

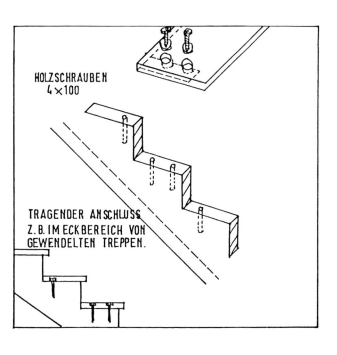

Kindergarten in Stuttgart-Luginsland
Arch.: Behnisch + Partner

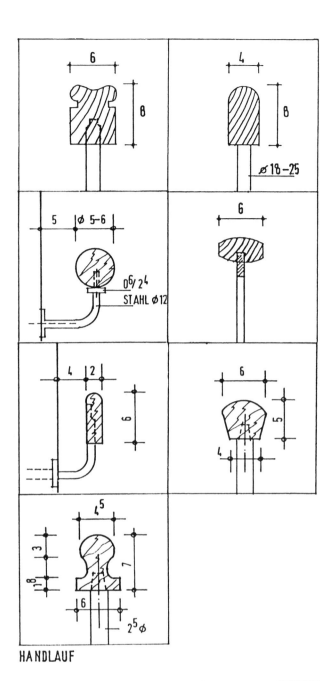

HANDLAUF

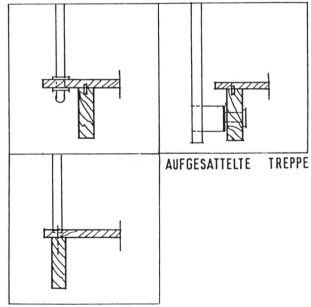

AUFGESATTELTE TREPPE

7.3.4 Geländer und Handlauf

Das Material Holz ermöglicht alle nur erdenklichen Querschnittsformen (zum Beispiel rund, rechteckig mit gerundeten Ecken, oval, elliptisch). Die Befestigung des Handlaufs ist normalerweise oberer Abschluß des Geländers. Der Handlauf kann aber auch frei vor die Wand oder vor ein durchgehendes Geländer gesetzt werden. Wichtig ist, daß am Podest (zum Beispiel bei einer zweiläufigen, geraden Treppe) ein möglichst fließender und dem Bewegungsablauf angepaßter Übergang möglich ist.

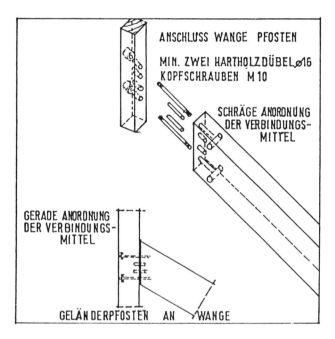

Geländerbefestigung bei aufgesattelten Treppen
Liegt der Holm außen, so bietet es sich an, das Geländer an diesem zu befestigen. Die Befestigung kann sowohl von oben als auch seitlich direkt an den Holmen erfolgen. Liegt der Holm etwas eingerückt, so besteht die Möglichkeit, den Geländerstab durch die Trittstufe zu stecken und zu verschrauben.

Geländerbefestigung bei eingeschobenen Treppen
Das Geländer kann seitlich an der Wange befestigt werden. Eine weitere Möglichkeit besteht von oben auf der Wangenoberseite. Es werden Löcher gebohrt, in welche die Geländerstäbe geschraubt werden.

EINGESCHOBENE TREPPE

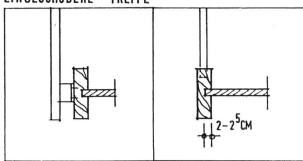

St. Marien in Thalmässing
Arch.: Georg Küttinger

Geländerbefestigung bei gestemmten Treppen
Die Verbindung Antritts- bzw. Austrittspfosten an Wange hat sich bei dieser Treppenkonstruktion bewährt. Der Wangendruck stabilisiert die Pfosten, so kann das übrige Geländer schlanker dimensioniert werden. Durch die Pfosten wird außerdem Anfang und Ende eines Laufes betont. Des weiteren verdeckt der Pfosten die Stirnseite der Wange. Bei zweiläufigen, geraden Treppen kann der Pfosten am Podest entsprechend stark ausgebildet werden (Übergangsbohle oder Krümmling), so daß die beiden Wangen sich daran totlaufen.
Eine Loslösung des Geländers von den Treppenläufen in voller Geschoßhöhe als senkrechtes oder flächiges Stabwerk ist sowohl konstruktiv möglich als auch gestalterisch reizvoll (zum Beispiel bei zweiläufigen, gegenläufigen Treppen als Stabwerk im Treppenauge oder bei Wendel- oder Spindeltreppen als Zylinder außen).

7.4 Schallschutz

Für einen sogenannten »erhöhten Schallschutz« wird in DIN 4109, Beiblatt 2, Ausgabe 1989, ein bewerteter Norm-Trittschallpegel L'n,w $\leq$ 46 dB vorgeschlagen. Damit man Gehgeräusche praktisch nicht mehr durchhört, sind allerdings Norm-Trittschallpegel unter L'n,w = 38 dB nötig (SSt III nach VDI 4100).
Bei Mehrfamilienhäusern in Massivbauart mit Holztreppen wird der genannte Mindestwert (L'n,w $\leq$ 58 dB nach DIN 4109, Tabelle 3) in der Regel ohne Zusatzmaßnahme erreicht. Bei Einfamilienreihen- und Doppelhäusern, wo Holztreppen hauptsächlich verwendet werden, wird die Mindestanforderung in der Regel auch ohne Zusatzmaßnahmen erreicht. Der erhöhte Schallschutz für die Treppen wird durch geeignete Ausbildung von doppelschaligen Haustrennwänden erzielt, wobei eine körperschalldämmende Trennung der Massivdecken auf der Höhe der Haustrennfuge von entscheidender Bedeutung ist. Zusammenfassend läßt sich sagen: Wenn die Fuge von Haustrennwand und Decke zweckmäßig ausgebildet ist, bedarf es keiner besonderen schallschutztechnischen Maßnahmen an den Treppen. Der Trittschallschutz kann an der Treppe selbst noch verbessert werden:
– durch einen Textilbelag auf den Stufen,
– durch eine körperschalldämmende Befestigung der Treppe an der Gebäudestruktur.

Die letztere Maßnahme ist in der praktischen Ausführung beschränkt wirksam, weil die verwendeten Körperschalldämmschichten, meist aus Gummi, an den Befestigungsstellen durchgeschraubt werden. Hier ist der Einsatz von gummiummantelten Dübeln zu empfehlen. Dabei ist auf eine sorgsame handwerkliche Ausführung zu achten.
Ein Knarren der Stufen entsteht durch sich aneinander reibende Holzflächen. Für Wangen und besonders für die Trittstufen sind ausreichend trockene, nicht zu dünne Hölzer zu verwenden.

7.5 Werkstoff und Verarbeitung

Massivholz ist nach wie vor der schönste und kostengünstigste Werkstoff für den Holztreppenbau. Die Kenntnis der wesentlichen Materialeigenschaften ist die Voraussetzung für die richtige Verarbeitung von Massivholz.

Einheimische Holzarten für den Treppenbau:
A Nadelhölzer
1. Tanne und Fichte
   Farbe gelb-weiß, Splint- und Kernholz ohne Farbunterschied, geeignet für Wangen und Setzstufen.
2. Kiefer
   Farbe im Kern gelb-braun, im Splint weiß-gelb. Sehr gut für Wangen geeignet. Der Splint kann mitverarbeitet werden.
3. Lärche
   Farbe im Kern rot-braun, im Splint weißlich. Der Splint soll nicht verwendet werden. Die Lärche ist harzreich. Nur das resistente Kernholz kann gut im Freien eingesetzt werden.

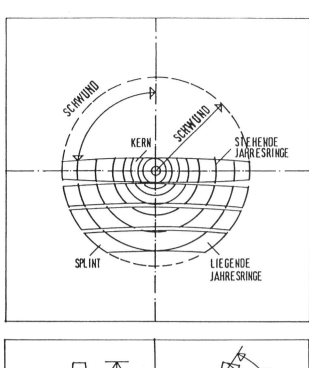

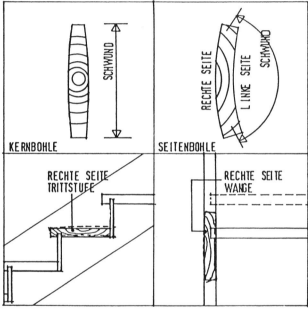

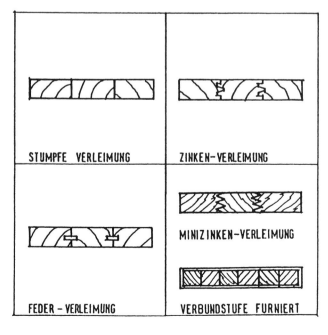

B Laubhölzer
1. Eiche
   Farbe im Kern braun-gelb, im Splint weiß-grau. Der Splint soll nicht verwendet werden. Für alle Treppenteile bestens geeignet, vor allem für Trittstufen.
2. Rotbuche
   Farbe gelb-weiß, Splint und Kern unterscheiden sich nicht. Gedämpfte Rotbuche ist rötlich. Sehr gut geeignet für Trittstufen und Handläufe. Kostengünstige Konstruktion. Gute Kombinationsmöglichkeit mit Nadelholzwangen.
3. Ahorn
   Farbe weißlich-gelb, ohne Splint und Kern, mittelhart. Gut geeignet für Trittstufen und Handläufe.
4. Esche
   Farbe im Kern braun, im Splint gelb-weiß. Gut geeignet für Trittstufen und Handläufe. Gehört zu den schönsten heimischen Laubhölzern.

Gütebedingungen
Nadelholz siehe DIN 68365, Laubschnittholz für Treppenbau siehe DIN 68368, außerdem Mahagoni, Teak u. a. Exoten.

Formänderungen von Massivholz
Massivholz schwindet nach dem Einschnitt, weil es Feuchtigkeit abgibt. Nadelholz schwindet vom Einschnitt bis zur Verarbeitung tangential (in Richtung der Jahresringe) und radial (senkrecht zu den Jahresringen).
Nach DIN 68368 darf der Feuchtigkeitsgehalt bei Laubschnittholz für Treppenbau höchstens $12 \pm 2\%$ betragen, bezogen auf das Darrgewicht.
Bretter mit liegenden Jahresringen verziehen sich am stärksten. Die rechte, dem Kern zugewandte Seite wölbt sich, die linke, dem Splint zugewandte Seite wird hohl. Dies wird durch das tangentiale Schwinden hervorgerufen. Die liegenden Jahresringe verbiegen die Brettseiten entgegen der eigenen Krümmung.
Für breitflächige Teile sind also Kernbohlen vorzusehen. Die Seitenbohlen müssen aufgetrennt werden.
Für Wangen verwendet man die rechte Seite nach außen, die linke Seite drückt gegen die Trittstufen.
Nach DIN 68368 darf bei Laubschnittholz derselbe Jahresring nicht zweimal auf einer Brettfläche erscheinen. Dies gilt besonders für Holzarten, die zum Drehwuchs neigen (z. B. Rotbuche).

Verleimung
Trittstufen und Wangen können verleimt werden. Stumpfe Verleimungen sind bei harten Hölzern unzweckmäßig. Besser sind Feder- und Zinkverleimungen. Die Federn sollen aus Hartholz oder Sperrholz bestehen. Gerade Wangen sind vorteilhaft aus brettschichtverleimten Hölzern herzustellen.
Runde Wangen und Holme werden mit Hilfe eines Lehrgerüsts hergestellt.
Die zu verleimenden Schichten können aus Furnieren oder aus dünnen Sperrholzplatten bestehen. Die verleimten Wangen werden mit Hilfe von Schraubzwingen auf das Lattengerüst gepreßt.

Sperrholz (DIN 68705)
Unter Sperrholz versteht man Furnierplatten und Tischlerplatten. Furnierplatten bestehen aus mindestens drei Lagen Furnieren, wobei die Faserrichtung jeweils rechtwinklig übereinanderliegt.
Tischlerplatten bestehen aus einer Mittellage aus Blöcken oder Stäbchen und zwei Deckfurnieren.
Stäbchenverleimte Tischlerplatten haben besseres Stehvermögen. In den Dicken 38, 42, 44 mm sind sie für Trittstufen mit Teppichbelag empfehlenswert. Wichtig ist, daß die Mittellage die statisch erforderliche Richtung hat.
Verbundstufen sollen eine Verschleißschicht aus Nadelholz von ca. 6 mm und aus Laubholz von ca. 4 mm erhalten. Als Anhaltspunkt kann DIN 280, Teil 5 (Parkett: Fertigparkett-Elemente), herangezogen werden.
Hartholzumleimer (Stufenkanten) müssen mit Dübeln oder Federn angeschlossen werden.

Spanplatten (DIN 68763)
Die Spanplatte wird in verschiedenen Qualitäten hergestellt. Man unterscheidet einschichtige, dreischichtige und fünfschichtige Platten.
Die Spanplatte ist weitgehend planeben und schwindfrei, hat jedoch eine geringere Festigkeit als Massivholz. Als Mittellage für Verbundstufen ist sie geeignet, auch als Setzstufe mit furnierten Deckschichten. Da Schwinden praktisch entfällt, ist auch das Auskeilen der Tritt- und Setzstufen entbehrlich.

Oberflächenbehandlung
Trittstufen sind starkem Abrieb ausgesetzt und sollten versiegelt werden.
Die abriebfesten Versiegelungsmittel enthalten wenig Füllstoff und sind deshalb glänzend. Trittstufen sollen mindestens drei Anstriche erhalten. Eine Mattierung kann erzielt werden, indem man die fertige Oberfläche mit feiner Stahlwolle abreibt.
Der dritte und vierte Anstrich kann auch mit einer matten oder seidenmatten Versiegelung erfolgen.
Für Anstricharbeiten gilt ATV DIN 18363, für Versiegelungsarbeiten ATV DIN 18356 (Parkettarbeiten).
Für das Beizen und Polieren von Holzteilen gilt ATV DIN 18355 (Tischlerarbeiten).
Ansonsten ist die VOB, Teil C, zu berücksichtigen.

7.6 Standsicherheit / Bemessung

Bemessungstabellen
Querschnitte für tragende Teile von Wohnhaustreppen

7.6.1 Trittstufen für Wangentreppen und für aufgesattelte Treppen

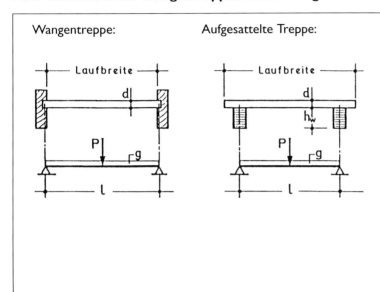

Treppenstufen ohne Setzstufen sind nach DIN 1055, Blatt 3, für eine Einzellast P – 1,5 kN in ungünstigster Laststellung zu bemessen. Die rechnerische Durchbiegung unter dieser Last wird im folgenden mit 1/300 der Stützweite l begrenzt, um das Federn der Trittstufen einzuschränken und um das Knarren bei gestemmten Treppen zu vermeiden.
Für Trittstufen aus Vollholz sowie für mehrschichtig verleimte Trittstufen aus Holzwerkstoffen (– Verbundstufen) werden die statisch erforderlichen Stufendicken angegeben. Die Oberseiten der Stufen sind zusätzlich mit einer Verschleißschicht zu versehen. Diese kann aus einem Gehbelag oder 5 mm Holz-Mehrstärke bestehen.
Der Dimensionierung liegen die zulässigen Spannungen und Materialkennwerte der DIN 1052 zugrunde. Die entsprechenden Werte für die Verbundstufen wurden rechnerisch ermittelt und durch Versuche bestätigt.
Für die Herstellung von Verbundstufen sind ausschließlich Holzwerkstoffe nach DIN 68705 und DIN 68763 zu verwenden. Auf die Verträglichkeit der Leime untereinander ist zu achten: phenolresorcinharzverleimte Platten dürfen nicht mit Harnstoffharzen weiterverarbeitet werden, da durch die Alkalität von Phenolharzen Verbundschwierigkeiten auftreten können.

Stufendicken d [mm] für verschiedene Werkstoffe

Stützweite l		0,80 m		0,90 m		1,00 m		1,10 m		1,20 m	
Stufenbreite b		240	300	240	300	240	300	240	300	240	300
Nadelholz Gütekl. II nach DIN 4074, z.B. Fichte, Kiefer, Lärche od. Tanne. Rohholzdicken – 45, 50, 55 u. 60 mm	Mindestdicke	32	30	35	32	37	35	40	37	42	39
	empfohlene Dicke	**40**	**40**	**45**	**45**	**45**	**45**	**50**	**50**	**55**	**55**
Eiche oder Buche, mittl. Güte (Hartholz) Rohholzdicken – 45, 50, 55 u. 60 mm	Mindestdicke	30	28	32	30	35	32	37	34	39	37
	empfohlene Dicke	**40**	**40**	**45**	**45**	**45**	**45**	**50**	**50**	**55**	**55**
Bau-Furnierplatten (BFU) nach DIN 68 705, Blatt 3.	Mindestdicke	36	34	39	36	42	39	45	42	48	44
	empfohlene Dicke	**40**	**40**	**45**	**45**	**45**	**45**	**50**	**50**	**55**	**55**
Verbundstufen BTI/BFU: Mittellage – Bau Tischlerplatten Decklagen – Bau Furnierplatten	Mittellage	38	38	38	38	38	38	38	38	38	38
	Decklagen, je	4	4	4	4	5	5	6	6	8	8
	Gesamtdicke	**46**	**46**	**46**	**46**	**48**	**48**	**50**	**50**	**54**	**54**
Verbundstufen BTI, furniert: Mittellage – Bau-Tischlerplatten Decklagen – Hartholzfurniere od. BFU	Mittellage	44	44	44	44	44	44	44	44	44	44
	Decklagen, je	2	–	3	2	4	3	5	4	6	5
	Gesamtdicke	**48**	**44**	**50**	**48**	**52**	**50**	**54**	**52**	**56**	**54**
Verbundstufen Spanpl./BFU: Mittellage – Holzspanplatten Decklagen – Bau-Furnierplatten	Mittellage	38	38	38	38	38	38	38	38	38	38
	Decklagen, je	4	4	5	4	6	5	8	6	10	8
	Gesamtdicke	**46**	**46**	**48**	**46**	**50**	**48**	**54**	**50**	**58**	**54**
Verbundstufen Spanpl./Spanpl.: Mittellage – Holzspanplatten Decklagen – Holzspanplatten	Mittellage	38	38	38	38	38	38	38	38	38	38
	Decklagen, je	10	8	13	10	16	13	16	16	19	16
	Gesamtdicke	**58**	**54**	**64**	**58**	**70**	**64**	**70**	**70**	**76**	**70**

7.6.2 Treppenwangen für gestemmte und halbgestemmte Treppen

Längsschnitt:

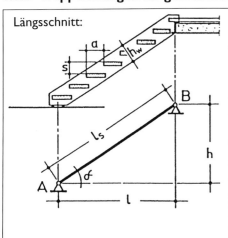

Die nebenstehende Tabelle enthält Mindest-Wangenquerschnitte für Treppenlaufbreiten bis 1,20 m und für Geschoßhöhen bis 3,0 m. Die Dimensionierung erfolgte für Nadelholz GKl. II nach DIN 4074, die Durchbiegung der Wangen wurde mit $l_s/300$ begrenzt. Bei Verwendung brettschichtverleimter Wangen oder Wangen aus Hartholz liegen die Tabellenwerte auf der sicheren Seite. Auflagerung der Treppenwangen: Ausklinkungen sollen nicht statisch beansprucht werden, die »Wangenaufhängung« kann hier durch Stahlteile, z. B. Hängewinkel, hergestellt werden.

Wangenhöhen h_w [cm] für gerade Treppen bis 1,20 m Laufbreite

Stützweite	Wangenbreite b_w		
l [m]	4,2 cm	5,2 cm	6,2 cm
bis 3,25	28	28	28
3,50	30	28	28
3,75	–	28	28
4,00	–	30	28
4,25	–	32	30
4,50	–	34	32

7.6.3 Tragholme für aufgesattelte Treppen

Längsschnitt:

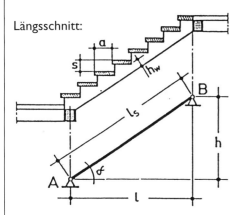

Querschnitt:

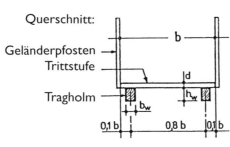

Geländerpfosten
Trittstufe
Tragholm

Die Tragholme sind gerade Einfeldträger mit unterem und oberem Deckenanschluß. Die statischen Nachweise werden mit dem Nettoquerschnitt b_w/h_w durchgeführt, d. h. die gezahnte Holmform bleibt unberücksichtigt. Aus der Vielzahl der möglichen Treppenhauptmaße werden die ungünstigsten Werte nach DIN 18065, Blatt 1, zugrunde gelegt: Steigungsverhältnis = Neigung bis 1:1 entsprechend $\delta \leq 45$. Geschoßhöhe = Treppenhöhe bis 3,0 m (bei längeren Treppen).
Die Tragholme sind nach DIN 1055, Blatt 3, für Verkehrslasten $p = 3,5$ kN/m² bemessen. In Geländerhöhe wurde eine Horizontalkraft $H = \pm 0,5$ kN/m berücksichtigt. Die rechnerische Durchbiegung der Holme unter Vertikalbelastung wurde mit $l_s/300$ begrenzt.

Tragholme aus Bauschnittholz, Nadelholz Güteklasse I oder II nach DIN 4074

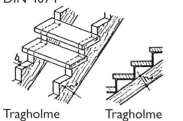

Tragholme oben zahnförmig ausgeschnitten

Tragholme als Balken mit konst. Querschnitt

Tragholmhöhen h_w [cm] für Tragholme aus Bauschnittholz

Stützweite	Treppenhöhe	Treppenlaufbreite											
		b = 0,80 m				b = 1,00 m				b = 1,20 m			
		Breite b_w [cm]				Breite b_w [cm]				Breite b_w [cm]			
l [m]	h [m]	5,5	8,5	10,5	12,5	5,5	8,5	10,5	12,5	5,5	8,5	10,5	12,5
1,50	≦ 1,50	10,5	9,5	8,5		10,5	9,5	8,5		11	10	9	
2,00	≦ 2,00	13,5	11,5	10,5		14	12	11		14,5	12,5	12	
2,50	≦ 2,50	17	14	13	12,5	17,5	15	14	13	18,5	16	14,5	14
3,00	≦ 3,00		16,5	15,5	15		18	16,5	15,5		19	17,5	16,5
3,50	≦ 3,00		19	18	17		20	19	18		21,5	20	19
4,00	≦ 3,00		21,5	20	19		22,5	21	20		24	22,5	21
4,50	≦ 3,00		24	22	21		25	23,5	22		26,5	25	23,5

Tragholme aus Brettschichtholz, Nadelholz Güteklasse I oder II nach DIN 4074

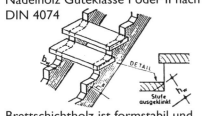

Brettschichtholz ist formstabil und sollte für Tragholme mit größeren Abmessungen grundsätzlich verwendet werden.

Tragholmhöhen h_w [cm] für Tragholme aus Brettschichtholz

Stützweite	Treppenhöhe	Treppenlaufbreite											
		b = 0,80 m				b = 1,00 m				b = 1,20 m			
		Breite b_w [cm]				Breite b_w [cm]				Breite b_w [cm]			
l [m]	h [m]	5,5	8,5	10,5	12,5	5,5	8,5	10,5	12,5	5,5	8,5	10,5	12,5
1,50	≦ 1,50	10,5	9,5	8,5		10,5	9,5	8,5		10,5	9,5	8,5	
2,00	≦ 2,00	13	11	10,5		13,5	11,5	11		14	12	11,5	
2,50	≦ 2,50	16	13,5	12,5	12	16,5	14,5	13,5	12,5	17,5	15	14	13,5
3,00	≦ 3,00		16	15	14,5		17	16	15		18	17	16
3,50	≦ 3,00		18,5	17,5	16,5		19,5	18,5	17,5		20,5	19,5	18,5
4,00	≦ 3,00		21	19,5	18,5		22	20,5	19,5		23	21,5	20,5
4,50	≦ 3,00		23	21,5	20,5		24,5	22,5	21,5		25,5	24	22,5

Sanierung

Knarrende Treppen
1 Knarren entsteht häufig durch ein Nachlassen der Spannung im Auflager zwischen Setzstufe und Trittstufe.

Möglichkeiten der Abhilfe
2 Die Tritt- und Setzstufen werden von oben verschraubt und verdübelt.
3 Eine neue Setzstufe mit obenseitig gekrümmter Kante wird eingebaut.
4 Eine Leiste wird unter den Trittstufenvorsprung geleimt und verschraubt, nachdem vorher die Trittstufe hochgekeilt wurde.

Ausbessern abgetretener Stufen
Stufen werden besonders an der vorderen Trittkante abgetreten.
5 Die alte Kante muß abgestemmt werden und eine neue Hartholzkante mit einer Feder oder
6 mit Dübeln angeschlossen werden.
Die restliche Fläche wird mit einer Spachtelmasse ausgeglichen. Darauf kann eine Sperrholzplatte (ca. 6 mm) aufgeschraubt werden. Die Verschleißschicht bildet ein ca. 6 mm dickes aufgeleimtes Sägefurnier oder Teppichbelag.
7 Das komplette Belegen der Stufen mit Textilbelag erfordert eine ebene Oberfläche, die am besten durch Aufschrauben einer Span- oder Sperrholzplatte erreicht wird.
8 Die Stufenvorderkanten können durch neue Hartholz-Profilleisten gebildet werden. Wenn der Belag über die Stufenvorderkante geführt werden soll, ist die Stufenvorderkante entsprechend abzurunden.
Die Teppichqualität muß speziell für Treppen geeignet sein.
9 + 10 Aufsetzen von neuen Tritt- und/oder Setzstufen aus Holz.

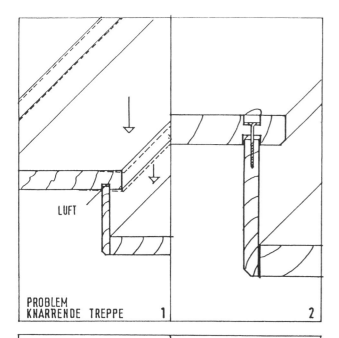

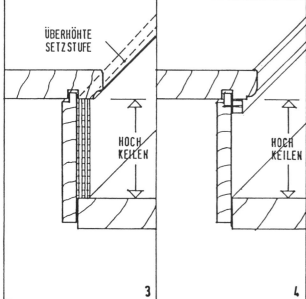

KNARRENDE TREPPEN

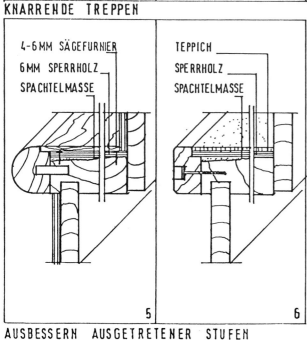  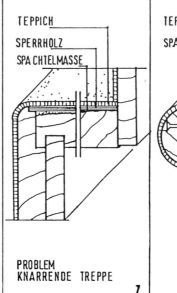 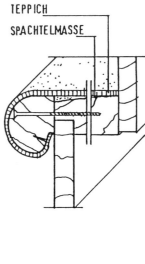

AUSBESSERN AUSGETRETENER STUFEN   SANIERUNG

7.8 Beispiele für Holztreppen

Aufgesattelte Treppen

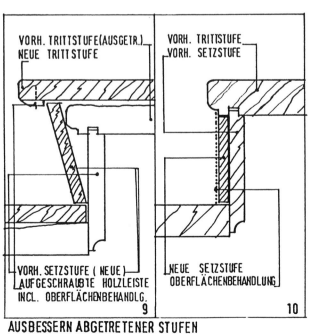

AUSBESSERN ABGETRETENER STUFEN

Aufgesattelte Treppe in einem Wohnhaus in Koblach/Vorarlberg
Arch.: Dietmar Eberle

Eingeschobene Treppe

Abgehängte, geländertragende Treppe

Kirche in Wettstetten
Arch.: Georg Küttinger

Eingeschobene und einseitig aufgelagerte Treppe

Evangelische Kirche in Murnau
Arch.: Georg Küttinger

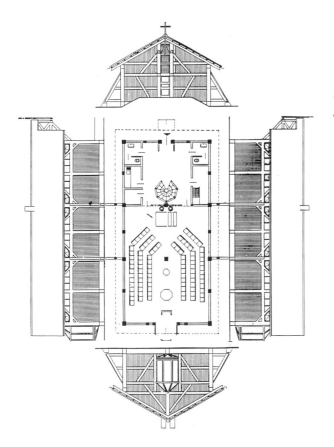

Gemeindehaus in Ebersberg
Arch.: Georg Küttinger

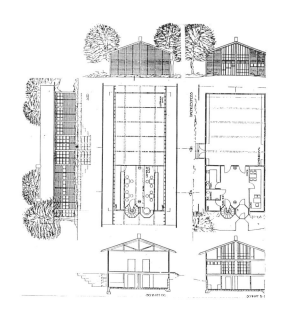
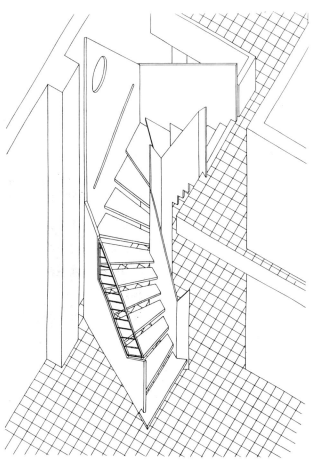
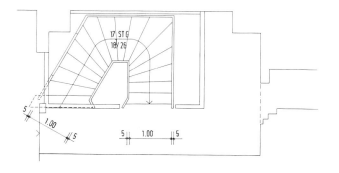

*Restaurant in Erlangen
Arch.: Güthlein,
Kress + Johannes*

Evangelische Kirche in Murnau
Arch.: Georg Küttinger

St. Michael in Thalmässing
Arch.: Georg Küttinger

Spindeltreppen

8.0 Stahltreppen

Geschäft Esprit in Hamburg
Hark-Fertigtreppe

8.1 Allgemeines

Die Konstruktionsprinzipien und die Formenvielfalt der Stahltreppen weisen Parallelen zu den Holztreppen auf. Das Material Stahl besticht durch seine Leichtigkeit, Transparenz, die Ablesbarkeit der Konstruktion und seine Präzision.
Darum sollte auch der gestalterische Gesichtspunkt im Vordergrund stehen.
Egon Eiermann sagte: »Der Stahlbau stellt das aristokratische Prinzip des Bauens dar.«

8.2 Konstruktionssysteme / Bauarten

8.2.1 Zwei-Wangen-Treppen

Geradläufige Zwei-Wangen-Treppen mit zwischengespannten Stufen:
- zwei Wangen in Sägezahnform,
- zwei Wangen als Rahmen,
- zwei Wangen aus Blechen,
- zwei Wangen aus Kastenprofilen,
- zwei Wangen aus U-Profilen.

Stahltreppen werden häufig gewählt, wenn es darum geht, vorgefertigte und leicht zu montierende Treppen zu verwenden, zum Beispiel als unmittelbare Verbindung von Wohn- und Geschäftsräumen sowie als Nottreppen (Fluchttreppen).
Ebenso wie beim Material Holz ist bei Stahl auf die Brandschutzbestimmungen zu achten. Stahl ist keineswegs ein nicht brennbarer Baustoff. Seine mechanischen Eigenschaften (Festigkeit, Streckgrenze und Elastizitätsmodul) ändern sich bei hohen Temperaturen schlagartig. Ein ausreichender Feuerschutz ist nur durch Ummanteln, Verkleiden oder Anstrich möglich.

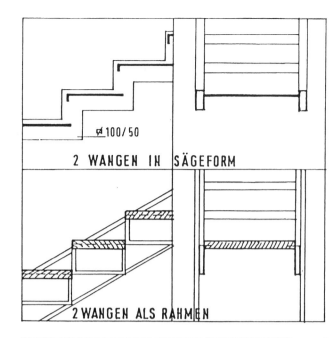
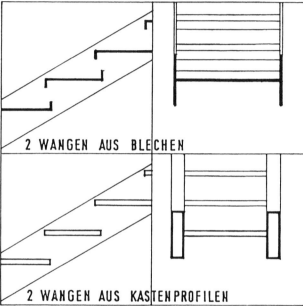
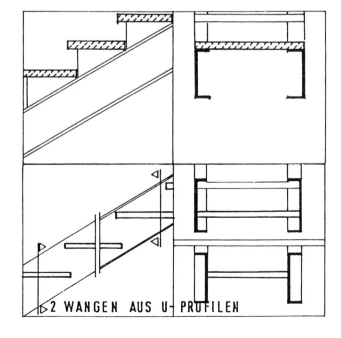

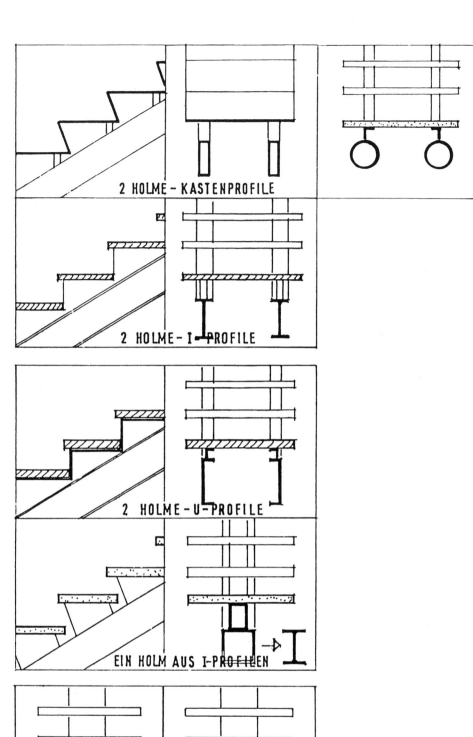

8.2.2 Zwei-Holm-Treppen

Geradläufige Zwei-Holm-Treppen mit aufgesattelten Stufen:
- zwei Holme aus Kastenprofilen,
- zwei Holme aus I-Profilen,
- zwei Holme aus U-Profilen.

8.2.3 Ein-Holm-Treppen

Geradläufige Ein-Holm-Treppen mit aufgespannten Stufen:
- ein Holm aus I-Profilen,
- ein Holm ohne Kragarm,
- ein Holm mit Kragarm.

8.2.4 Krag- und Hängetreppen

Geradläufige Krag- und Hängetreppen mit frei auskragenden oder aufgehängten Stufen:
- Stufen eingespannt,
- Stufen aufgehängt und eingespannt,
- Stufen frei auskragend
- Stufen beidseitig auf-(ab)gehängt.

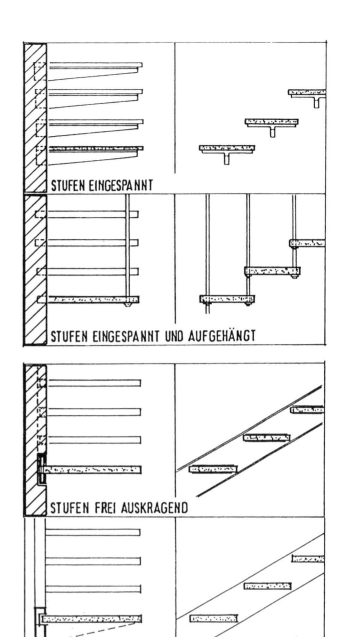

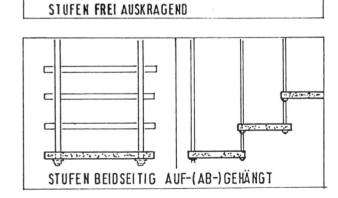

8.2.5 Wendeltreppen

- Zwei Wangen,
- Wange und Kragarm,
- Auf- und Abhängung,
- ein Holm,
- zwei Holme,
- Kastenholm,
- Faltwerk.

Das Konstruktionssystem Faltwerk ist auch bei geradläufigen und Spindeltreppen aus Stahl möglich.

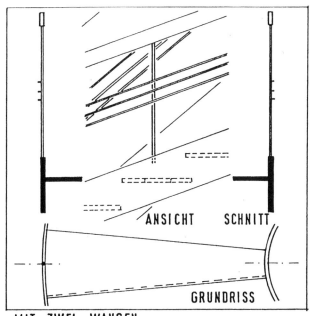

– MIT ZWEI WANGEN

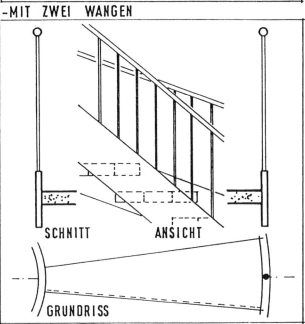

– MIT ZWEI WANGEN

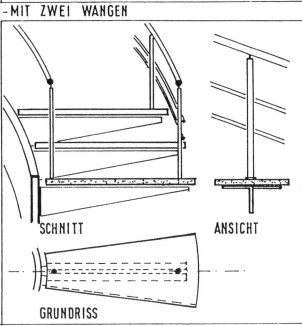

– MIT WANGE UND KRAGARM

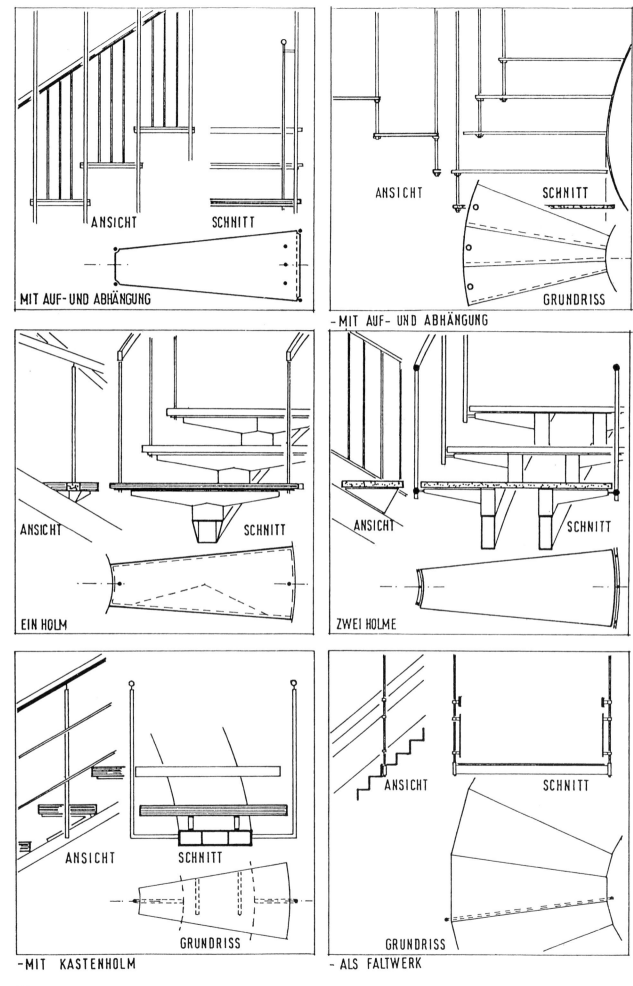

8.2.6 Spindeltreppen

- Spindel mit Wange,
- Spindel mit Kragarm,
- Spindel mit Kragarmgeländer,
- mehrteilige Spindel.

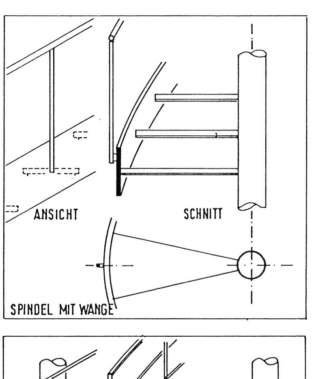

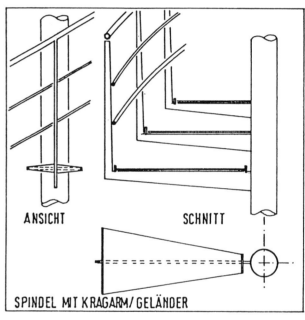

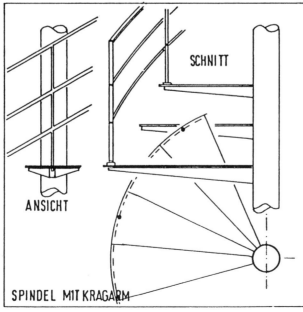

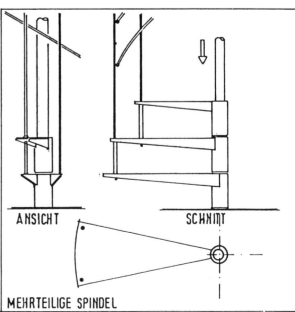

8.2.7 Fertigteil- und Nottreppen

Diese Treppen werden häufig im Industriebau verwendet, besonders wenn es darum geht, schnell (vorgefertigte) Treppenanlagen aufzubauen. Sie haben gegenüber anderen Stahltreppen auch den Vorteil, daß sie ohne große Schwierigkeiten und Materialeinbußen demontiert und an anderer Stelle wieder aufgebaut werden können.

Dies führt häufig zu ihrem Einsatz in Werk- und Lagerhallen. Durch die Anwendung von vorgefertigten Elementen oder auch ganzer Treppenanlagen können Lohnkosten eingespart werden.
- Universaltreppe (Treppenneigung einstellbar),
- Wendeltreppe / Spindeltreppe,
- Rampentreppe,
- Leiter (Feuerleiter),
- Fluchttreppe.

Rampenleiter HACA

Podesttreppe Vario Step HACA

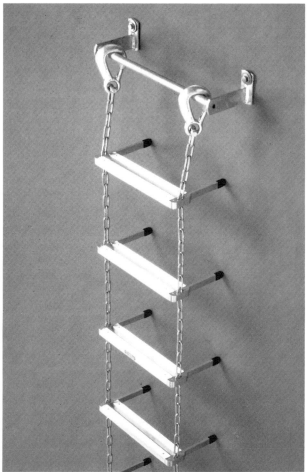

Fluchtleiter HACA

*Vario Step,
System Variabel – Total-Stop
mit 60° Neigung
HACA*

*Leiter mit Rückenschutz
und Ruhepodest
HACA*

*Vario-Step,
System Variabel
HACA*

*Vario Step,
System Variabel – Total-Stop
mit 60° Neigung
HACA*

Wohnhaus in Hamburg
Arch.: Hansmann + Partner

Hark-Treppe

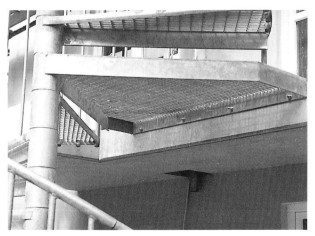

Hark-Treppe

8.3 Details

8.3.1 Antritt, Austritt und Podest

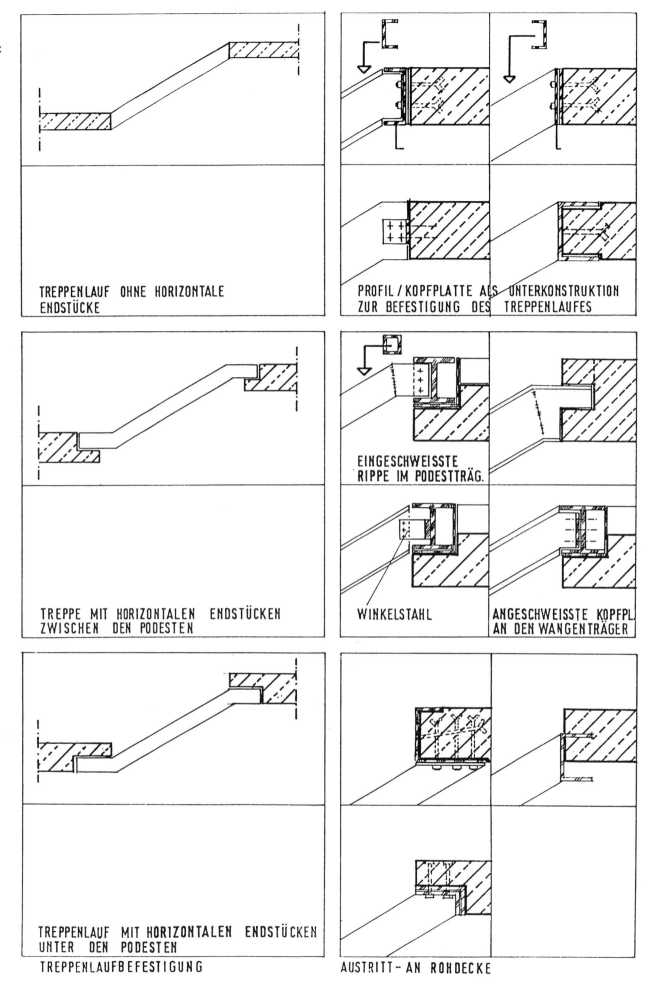

Parkhaus Flughafen Hamburg
Arch.: v. Gerkan, Marg + Partner

Bürohaus in Slough, Berkshire
Arch.: Armstrong Associates

Haus Faber in Krefeld
Arch.: Heinz Bienefeld

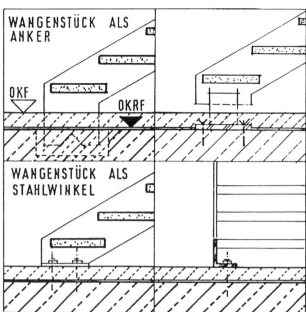

WANGENSTÜCK ALS ANKER

WANGENSTÜCK ALS STAHLWINKEL

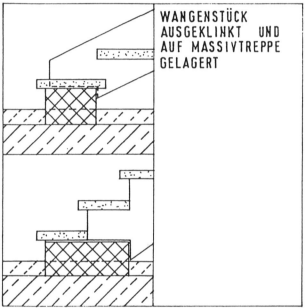

WANGENSTÜCK AUSGEKLINKT UND AUF MASSIVTREPPE GELAGERT

ANTRITT-AN ROHFUSSBODEN

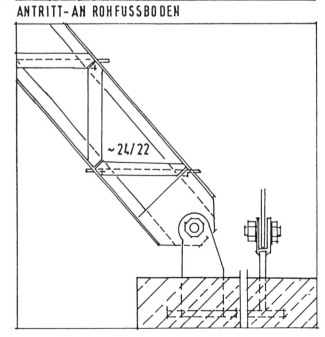

137

8.3.2 Stufen (Beläge, Befestigung und Unterkonstruktion)

A Einfache, ebene, glatte (aber rutschsichere) Oberfläche oder Riffel-, Tränen- oder Walzstahlbleche.
B Stahlbleche als Stufenprofile mit entsprechenden Abkantungen. Damit sind Tritt- und Setzstufen aus einem Stück möglich.
Für Wendel- und Spindeltreppen können die Bleche entsprechend dem Stufendurchmesser konisch abgekantet werden.
C Einfache, ebene Tafeln mit Unterkonstruktion (profilverstärkt). Zusammensetzen der Blechtafeln mit dem U-, T-, Winkel-Rohprofil oder Rundstahlstäben durch Schweißen, Schraubenverbindung oder Kleben ist möglich.
Als Oberbelag der Bleche kommt ein Textilbelag oder Gumminoppen-Belag in Frage.
D Stufenausbildung in Kombination mit anderen Materialien wie Holz, Natur- oder Kunststein.

Krankenhaus in Berlin-Neukölln
Arch.: Josef Paul Kleihues

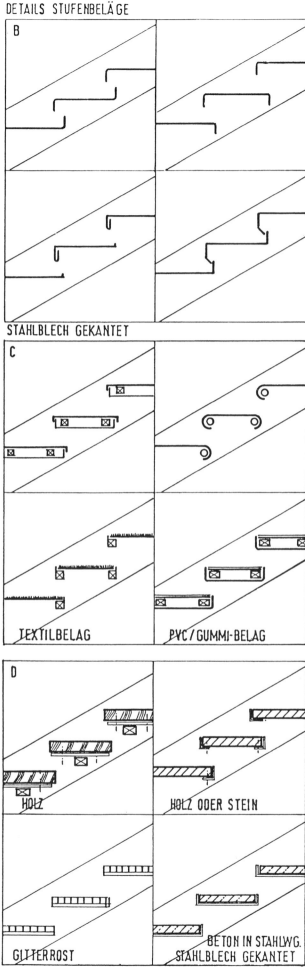

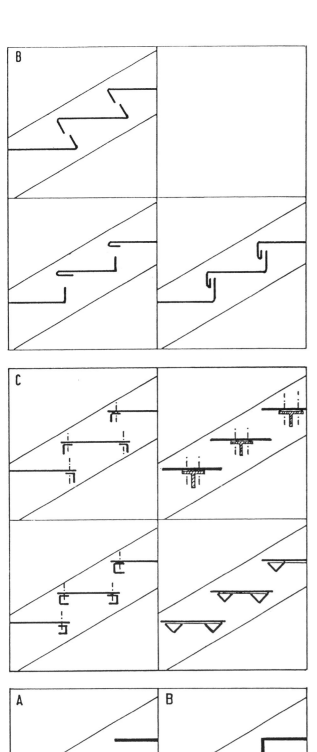

Verlag Gruner + Jahr in Hamburg
Arch.: Steidle, Kiessler +Schweger

E Hohlkastenstufen in Mehrfach-Abkantung sind mit Mineralwolle oder ähnlichen Materialien aufzufüllen.
F Als Unterkonstruktion für die Stufen sind sowohl Konsolen, Flach- oder Rundstahl als auch abgetreppte und gefaltete Holme und Wangen möglich.

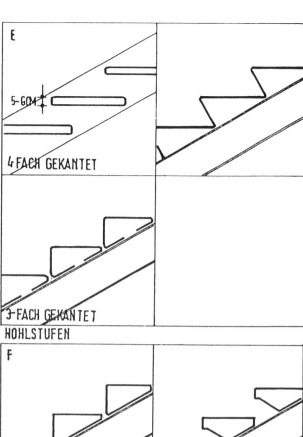

Phosphateliminationsanlage in Berlin
Arch.: Gustav Peichl

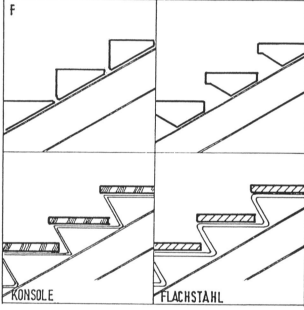

Lloyds' of London
Arch.: Richard Rogers

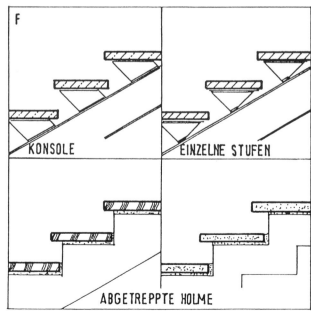

140

8.3.3 Geländer und Handlauf

Um bei Stahltreppen den störenden Trittschall zu vermeiden, werden Hohlstufen mit Mineralwolleinlage ausgefüllt oder die Stufen mit textilen Belägen ausgestattet. Weitere Informationen zu diesem Thema finden sich im entsprechenden Kapitel bei den Holztreppen sowie zu den Schallschutzanforderungen an Massivtreppen.

Verlag Gruner + Jahr in Hamburg
Arch.: Steidle, Kiessler + Schweger

Krankenhaus in Berlin-Neukölln
Arch.: Josef Paul Kleihues

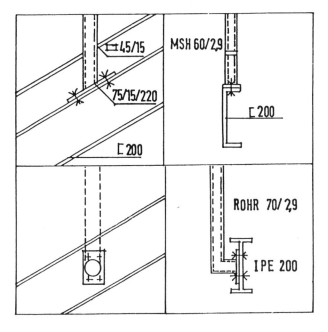

Wohnhaus in Berlin,
Arch.: Herman Hertzberger

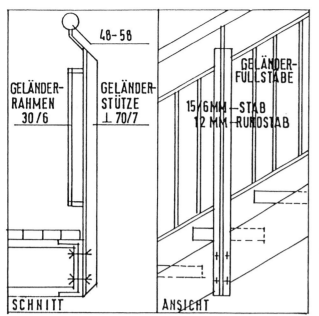
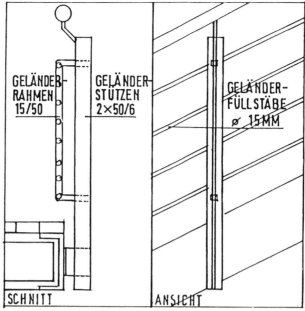

Universität in Eichstätt
Arch.: Karljosef Schattner

Gemeindehaus in Weißenburg
Arch.: Georg Küttinger

*Stahlgeländer im
Steigenberger-Hotel in Hamburg
Arch.: v. Gerkan, Marg + Partner*

*Geschäft Esprit in Hamburg
Hark-Treppe*

*Universität in Eichstätt
Arch.: Karljosef Schattner*

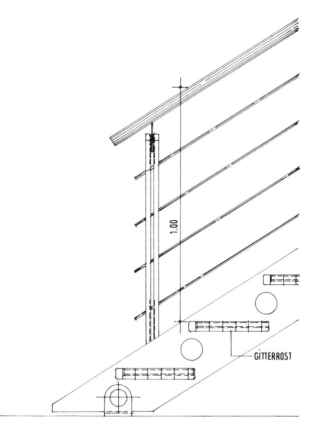

WDR-Landesstudio in Düsseldorf
Arch.: Brigitte und Christoph Parade

Universitätsbibliothek
in Eichstätt
Arch.: Behnisch + Partner

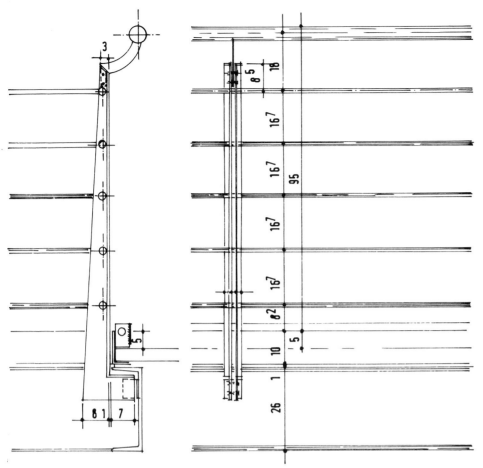

8.4 Schallschutz

Um bei Stahltreppen den störenden Trittschall zu vermeiden, werden die Hohlstufen mit Mineralwolleinlage ausgefüllt oder die Stufen mit textilen Belägen ausgestattet.

Maßnahmenkatalog:
- Hohlstufen mit Mineralwolleinlage ausfüllen
- Stufen mit textilen Belägen ausstatten
- Hohle Stahlholme mit geglühtem Sand ausfüllen (dämpft Eigenresonanz)
- Holzstufen, die auf Stahltrittflächen aufgeschraubt werden, durch Zwischenlegen von Gummigranulatbahnen (Bautenschutzmatten) stark dämpfen.
- Stahlbleche mit einer Entdröhnschicht und Blech zu einem Sandwich ergänzen, dadurch starke Dämpfung der Eigenresonanz
- Elastische Befestigungen von Stahltreppen mittels Gummipuffer oder gummiummantelter Dübel. Befestigung in die Deckenstirn (Treppenaustrittspodest), um frei vom schwimmenden Estrich zu sein.

Weitere Informationen zu diesem Thema finden sich im entsprechenden Kapitel bei den Holztreppen sowie zu den Schallschutzanforderungen an Massivtreppen.

8.5 Standsicherheit / Bemessung

Informationen dazu liefert u. a. das Merkblatt 355 (Entwurfshilfen für Stahltreppen) vom Stahl-Informations-Zentrum.

*WDR-Landesstudio in Düsseldorf
Arch.: Brigitte und Christoph Parade*

8.6 Beispiele für Stahltreppen

Universitätsbibliothek in Eichstätt
Arch.: Behnisch + Partner

Gemeindehaus in Weißenburg
Arch.: Georg Küttinger

Firma Leybold AG in Alzenau
Arch.: Behnisch + Partner

Altes Waisenhaus, Umbau zum
Institut für Psychologie und Journalistik.
Universität Eichstätt
Arch.: Karljosef Schattner

Haus eines Künstlers
in Baden-Baden
Arch.: Sampo Widmann

Brauckmann-Treppe

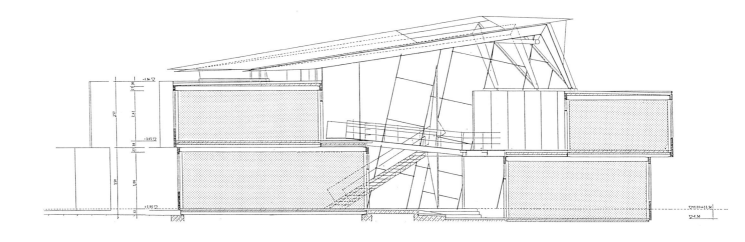

Hysolar-Institut der Universität Stuttgart
Arch.: Behnisch + Partner

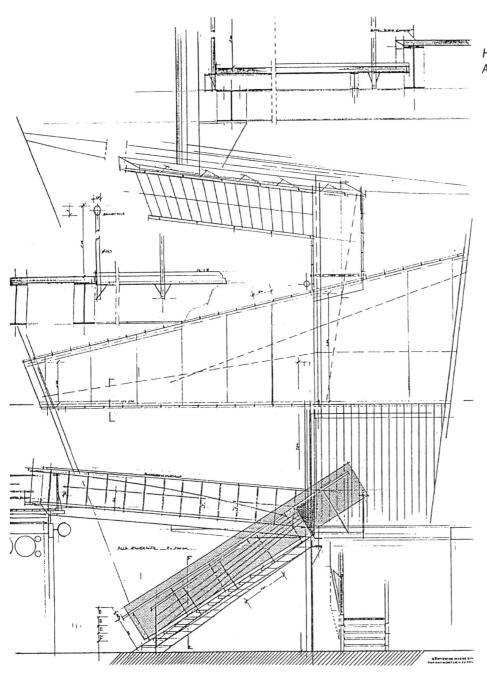

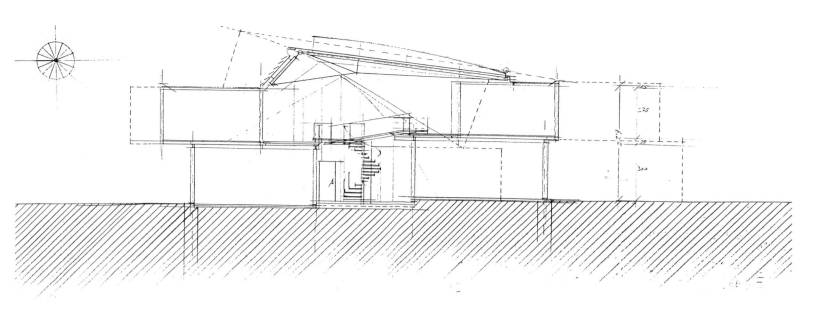

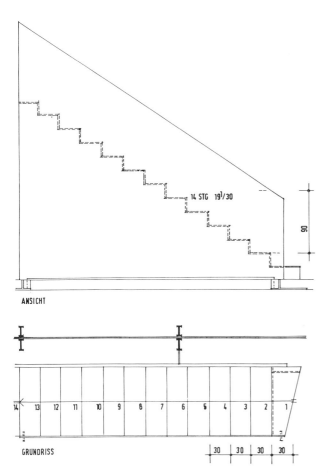

Haus Papachristoû in Bornheim
Arch.: Heinz Bienefeld

Hark-Treppe

Showroom in Opmeer/Niederlande
Arch.: Benthem Crouwel

Botanischer Garten in Osnabrück

Fachhochschule in Köln, Hark-Treppe

Brauckmann-Treppe

Universitätsbibliothek in Eichstätt
Arch.: Behnisch + Partner

Hark-Treppe

Brauckmann-Treppe

Brauckmann-Treppe

Brauckmann-Treppe

Domdekanei in Eichstätt
Arch.: Karljosef Schattner

Haus Kortmann in Köln
Arch.: Heinz Bienefeld

ANSICHT

GRUNDRISS 13 STG 20⁹

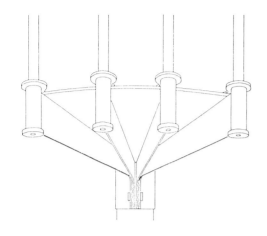
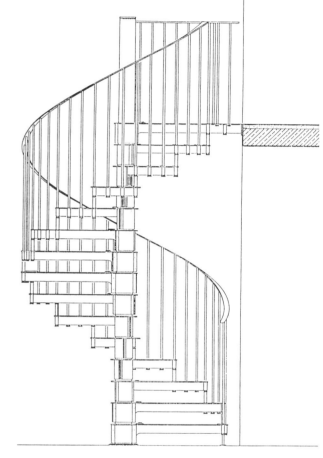

Spindeltreppe
»Quickstep«, 1979
Arch.: Thomas Herzog
Zeichnungen:
aus HBK Andreas Heene

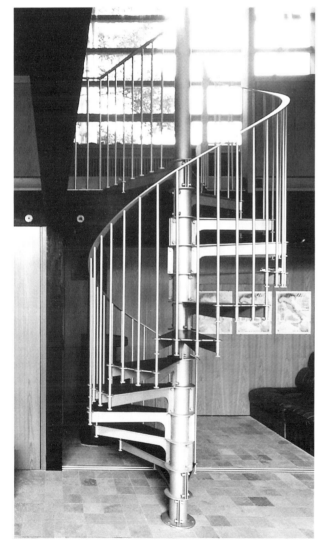

9.0 Anhang

9.1 DIN-Normen und Richtlinien

Von den geltenden DIN-Normen sind vor allem
die folgenden zu berücksichtigen:

Für die Planung:
DIN 4174   Geschoßhöhen und Treppensteigungen
DIN 18064   Gebäudetreppen: Begriffe
DIN 18065   Gebäudetreppen: Hauptmaße
DIN 18024   Bauliche Maßnahmen für Behinderte und alte Menschen im öffentlichen Bereich
DIN E 107   Bezeichnung mit links oder rechts im Bauwesen
DIN 4109 und Beiblatt 2 zu DIN 4109 »Schallschutz im Hochbau«, Anforderungen
VDI 4100   »Schallschutz von Wohnungen«, Kriterien für Planung und Beurteilung ...

Für die Standsicherheit:
DIN 1055   Lastannahmen für Bauten
DIN 4102   Brandverhalten von Baustoffen und Bauteilen

Für die Ausführung:
VOB   Verdingungsordnung für Bauleistungen, Teil C
DIN 4109, Beiblatt 1, »Schallschutz im Hochbau«, Ausführungsbeispiele und Rechenverfahren ...

DIN-Normen für:
   Naturstein
   Betonwerkstein
   Mauerwerk
   Beton- und Stahlbeton
   Holz
   Stahl

DK 69.026:001.4	DEUTSCHE NORM	Juli 1984
	Treppen Begriffe	DIN 18 064

Stairs; terms
Escaliers; vocabulaire

Die in Klammern hinter den jeweiligen Begriffen angegebenen englischen und französischen Benennungen entstammen der Internationalen Norm ISO 3880/1-1977. Die Definitionen der Begriffe in der vorliegenden Norm und in der Internationalen Norm ISO 3880/1 decken sich nicht immer. Für die Richtigkeit der fremdsprachigen Benennungen kann das DIN deshalb keine Gewähr übernehmen.

Inhalt

1 Geltungsbereich und Zweck
2 Grundbegriffe
3 Maßbegriffe
4 Treppenarten
5 Stufenarten
6 Darstellung, Links- und Rechtsbezeichnung

1 Geltungsbereich und Zweck

Diese Norm definiert die im Bauwesen [1]) üblichen und gebräuchlichen Begriffe [2]) für Treppen.

Sofern die Eindeutigkeit des Begriffs im gewählten Anwendungsbereich erhalten bleibt, kann das Vorwort »Treppe« entfallen.

Anmerkung: Also z. B. Podest statt Treppenpodest, Stufe statt Treppenstufe, Steigung statt Treppensteigung, Auftritt statt Treppenauftritt, Handlauf statt Treppenhandlauf usw.

2 Grundbegriffe

2.1 Treppe (E *stair;* F *escalier*)   [14]
Bauteil aus mindestens einem Treppenlauf.

---

[1]) Die Norm gilt sinngemäß auch für andere Fachgebiete, z. B. Schiffbau oder Maschinenbau, soweit in besonderen Normen dieser Fachgebiete nicht abweichende Aussagen gemacht werden.

[2]) Die Nummern in den eckigen Klammern hinter den Begriffen beziehen sich auf die Numerierung in der Internationalen Norm ISO 3880/1.

2.2 Geschoßtreppe
Treppe von einem Geschoß zum nächsten Geschoß
– zwischen zwei Vollgeschossen,
– zwischen Keller- und Erdgeschoß (Kellertreppe),
– zwischen oberstem Vollgeschoß und Dachboden (Bodentreppe).

2.3 Ausgleichstreppe
In der Regel Treppe zwischen Eingangsebene und erstem Vollgeschoß (Erdgeschoß) sowie Treppe zum Ausgleich von Höhenunterschieden innerhalb eines Geschosses.

2.4 Notwendige Treppe
Treppe, die auch nach den behördlichen Vorschriften (z. B. Bauordnungen der Länder) vorhanden sein muß.

2.5 Nicht notwendige Treppe
Zusätzliche Treppe, die gegebenenfalls auch der Hauptnutzung dient.

2.6 Treppenlauf (E *flight;* F *volée*)   [3]
Ununterbrochene Folge von mindestens drei Treppenstufen (drei Steigungen) zwischen zwei Ebenen

Fortsetzung Seite 2 bis 7
Erläuterungen Seite 8

Normenausschuß Bauwesen (NABau) im DIN Deutsches Institut für Normung e. V.

2.7 Lauflinie (E walking line; F ligne de foulée) [21]
Gedachte Linie, die den üblichen Weg der Benutzer einer Treppe angibt.
Ihre zeichnerische Darstellung im Grundriß (siehe DIN 1356) gibt die Laufrichtung der Treppe an; der Punkt kennzeichnet die Vorderkante der Antrittstufe, der Pfeil die Vorderkante der Austrittstufe (siehe Bilder 4 bis 17; die Pfeile in den Beispielen geben an, in welcher Richtung die Treppe ansteigt).
Die Lauflinie liegt im Gehbereich.
Anmerkung: Dieser nach ISO Norm 3880/1 »mittlere« oder »ausgemittelte« Weg der Benutzer ist nicht eindeutig zu definieren. Der tatsächlich von Benutzern einer Treppe gewählte Weg ist abhängig von der Breite der Treppe, der Lage des Handlaufes, der Aufwärts- oder Abwärtsbewegung, dem Alter und der Größe des Benutzers sowie von seinem körperlichen Zustand.
Unabhängig vom tatsächlichen Weg der Benutzer kann die Lauflinie bei geraden Treppen in der Laufmitte angenommen werden. Bei verzogenen Antritt- oder Austrittstufen, bei gewendelten Läufen sowie bei Wendel- und Spindeltreppen kann die Lauflinie auch außenmittig liegen. – Eine Norm, in der die Lauflinie maßlich festgelegt wird, ist in Vorbereitung (Überarbeitung von DIN 18065 Teil 1).

2.8 Treppenpodest (E landing; F palier) [7]
Treppenabsatz am Anfang oder Ende eines Treppenlaufes, meist Teil der Geschoßdecke.

2.9 Zwischenpodest (E intermediate landing; F palier intermédiaire) [8]
Treppenabsatz zwischen zwei Treppenläufen, Anordnung zwischen den Geschoßdecken.

2.10 Treppenstufe (E step; F marche) [18]
Bauteil einer Treppe, das zur Überwindung von Höhenunterschieden in der Regel mit einem Schritt begangen werden kann.

2.11 Trittstufe
Waagerechtes Stufenteil (siehe Bild 1).

2.12 Trittfläche (E tread; F plan de marche) [20]
Betretbare waagerechte Oberfläche einer Stufe (siehe Bild 1).

2.13 Setzstufe (E riser; F contremarche) [13]
Lotrechtes oder annähernd lotrechtes Stufenteil (siehe Bild 1). Wird auch als Stoßstufe, Futterstufe, im Holzbau als Futterbrett bezeichnet.

Bild 1.

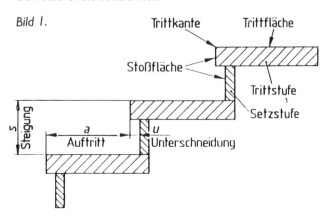

2.14 Treppenauge (E stair well; F jour d'escalier) [17]
Von Treppenläufen und Treppenpodesten umschlossener freier Raum.

2.15 Treppenraum (E stair enclosure; F cage d'escalier) [15]
Für die Treppe vorgesehener Raum; auch Treppenhaus.

2.16 Treppenöffnung (E stair opening; F trémie d'escalier) [16]
Aussparung in Geschoßdecken für Treppen; auch Treppenloch.

2.17 Geländer (E balustrade; F garde-corps) [1]
In der Regel lotrechte Umwehrung als Schutzeinrichtung gegen Abstürzen an Treppenläufen und Treppenpodesten; auch Treppenbrüstung.

2.18 Treppenhandlauf (E handrail; F main courante) [5]
Griffgerechtes Bauteil als Gehhilfe für Personen, angebracht am Geländer und/oder an der Wand bzw. Spindel.

2.19 Treppenwange (E string; F limon) [19]
Bauteil, das die Stufen trägt und den Lauf seitlich begrenzt.

2.20 Treppenholm
Bauteil, das die Stufen trägt oder unterstützt; auch Treppenbalken.

2.21 Treppenspindel
Kern in der Mitte einer Spindeltreppe.

3 Maßbegriffe
Anmerkung: In diesem Abschnitt werden Maßbegriffe definiert, also nicht Maßangaben gemacht. (Hierfür ist eine Norm in Vorbereitung – derzeit siehe DIN 18065 Teil 1, Ausgabe Dezember 1957, und Durchführungsverordnungen zu den Landes-Bauordnungen).
Die Definition des Maßbegriffes bedeutet damit gleichzeitig eine Meßvorschrift.

3.1 Treppensteigung (E rise; F hauteur de marche) [12]
Lotrechtes Maß s von der Trittfläche einer Stufe zur Trittfläche der folgenden Stufe (siehe Bild 1).

3.2 Treppenauftritt (E going; F giron) [4]
Waagerechtes Maß a von der Vorderkante einer Treppenstufe bis zur Vorderkante der folgenden Treppenstufe, in der Laufrichtung gemessen (siehe Bild 1).

3.3 Steigungsverhältnis
Verhältnis von Steigung zu Auftritt s/a; dieser Quotient ist ein Maß für die Neigung einer Treppe.
Es wird das Verhältnis der Maße zueinander angegeben; z. B. 17,2/28 in cm.

3.4 Unterschneidung
Waagerechtes Maß u, um das die Vorderkante einer Stufe über die Breite der Trittfläche der darunterliegenden Stufe vorspringt (Differenz zwischen Breite der Trittfläche und Auftritt, siehe Bild 1).

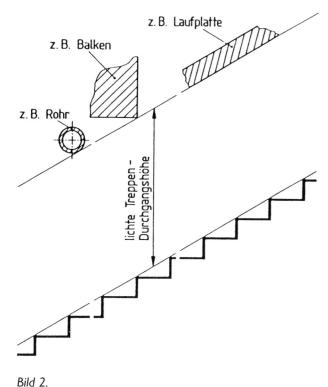

Bild 2.

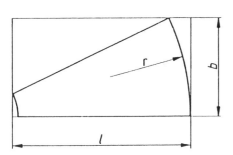

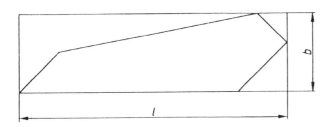

Bild 3. Stufenlänge, Stufenbreite

3.5 Lichte Treppendurchgangshöhe
(E headroom; F échappée)
Lotrechtes Fertigmaß (gemessen in gebrauchsfertigem Zustand der Treppe) über den Vorderkanten der Stufen und über den Podesten bis zu den Unterkanten darüberliegender Bauteile (siehe Bild 2).

3.6 Lichter Stufenabstand
Bei Plattenstufen lotrechtes Fertigmaß zwischen Trittfläche und Unterfläche der darüberliegenden Stufe (siehe Bild 19).

3.7 Wandabstand
Lichtes Fertigmaß zwischen Treppenlauf oder Podest und Wandoberfläche bzw. angrenzenden Bauteilen, z. B. Umwehrungen.

3.8 Treppenlauflänge
Maß von Vorderkante Antrittstufe bis Vorderkante Austrittstufe, im Grundriß an der Lauflinie gemessen.

3.9 Treppenlaufbreite
Grundrißmaß der Konstruktionsbreite. Bei seitlich eingebundenen Läufen rechnen die Oberflächen der Rohbauwände (begrenzende Konstruktionsteile) als Begrenzung.

3.10 Nutzbare Treppenlaufbreite
Lichtes Fertigmaß (gemessen in gebrauchsfertigem Zustand der Treppe in Handlaufhöhe) zwischen Wandoberfläche (Oberfläche, Putz, Bekleidung, auch Spindel) und Innenkante Handlauf bzw. zwischen beiderseitigen Handläufen.

3.11 Nutzbare Podesttiefe
Lichtes Fertigmaß, im Grundriß zwischen Stufenvorderkante und begrenzenden Bauteilen gemessen (siehe Bilder 5 bis 12).

3.12 Geländerhöhe
Lotrechtes Fertigmaß von Vorderkante Trittstufe bzw. Oberfläche Podest bis Oberkante Handlauf oder Brüstung.

3.13 Stufenlänge l
Länge des kleinstumschriebenen Rechtecks, das der Stufenvorderkante (bezogen auf die Einbaulage) anliegt (siehe Bild 3).

3.14 Stufenbreite b
Breite des kleinstumschriebenen Rechtecks, das der Stufenvorderkante (bezogen auf die Einbaulage) anliegt (siehe Bild 3).

3.15 Stufenhöhe h
Größte Höhe der einzelnen Stufen in der Aufrißprojektion (bezogen auf die Einbaulage).

3.16 Stufendicke d
Größte Höhe (Dicke) bei Plattenstufen; bei winkelförmigen Stufen größte Dicke der Trittstufe.

4 Treppenarten [3],[4]

4.1 Treppen mit geraden Läufen

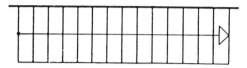

Bild 4. Einläufige, gerade Treppe

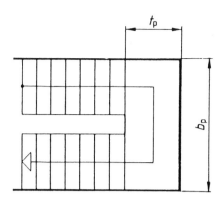

Bild 7. Zweiläufige, gegenläufige Treppe mit Zwischenpodest
(als Rechtstreppe dargestellt)

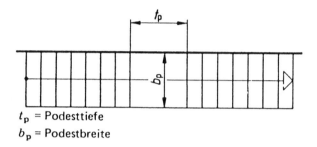

t_p = Podesttiefe
b_p = Podestbreite

Bild 5. Zweiläufige, gerade Treppe mit Zwischenpodest

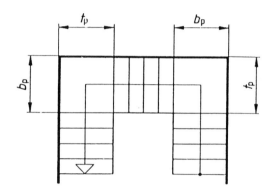

Bild 8. Dreiläufige, zweimal abgewinkelte Treppe mit Zwischenpodesten
(als Linkstreppe dargestellt)

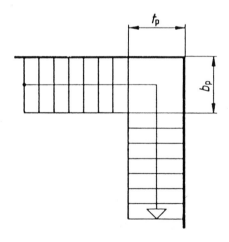

Bild 6. Zweiläufige, gewinkelte Treppe mit Zwischenpodest
(als Rechtstreppe dargestellt)

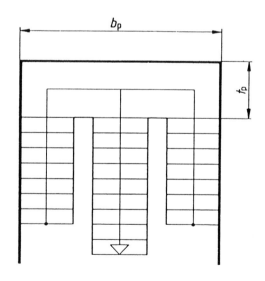

Bild 9. Dreiläufige, gegenläufige Treppe mit Zwischenpodest

[3]) Schematische Darstellungen.
[4]) Die folgende Beschreibung beschränkt sich auf eine Unterscheidung einzelner Grundformen. Gerade aus dem baugeschichtlichen Bereich sind auch sehr kunstvolle, aus diesen Grundformen zusammengesetzte Treppen bekannt, die sich der hier verwendeten Kurzbeschreibung entziehen.

4.2 Treppen mit gewendelten Läufen

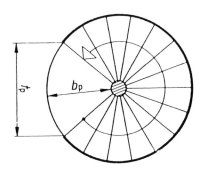

Bild 10. Spindeltreppe
Treppe mit Treppenspindel
(dargestellt als einläufige Linkstreppe)

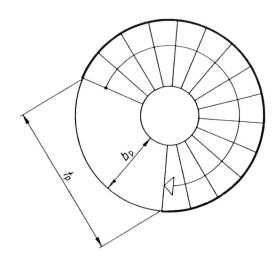

Bild 11. Wendeltreppe
Treppe mit Treppenauge
(dargestellt als einläufige Rechtstreppe)

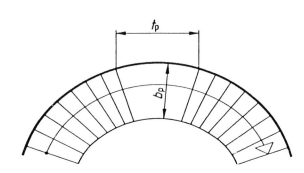

Bild 12. Zweiläufige, gewendelte Treppe mit
Zwischenpodest
(dargestellt als rechtsdrehende Korbbogentreppe)

4.3 Treppen mit geraden und gewendelten Laufteilen

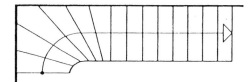

Bild 13. Einläufige, im Antritt viertelgewendelte Treppe
(dargestellt als Rechtstreppe)

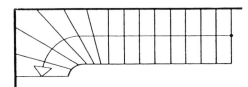

Bild 14. Einläufige, im Austritt viertelgewendelte Treppe
(dargestellt als Linkstreppe)

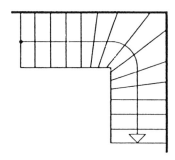

Bild 15. Einläufige, gewinkelte, viertelgewendelte Treppe
(dargestellt als Rechtstreppe)

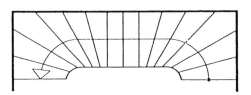

Bild 16. Einläufige, zweimal viertelgewendelte Treppe
(dargestellt als Rechtstreppe)

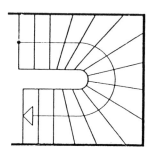

Bild 17. Einläufige, halbgewendelte Treppe
(dargestellt als Rechtstreppe)

5 Stufenarten

5.1 Stufenarten nach der Lage

5.1.1 Antrittstufe
Die erste (unterste) Stufe eines Treppenlaufes.

5.1.2 Austrittstufe
Die letzte (oberste) Stufe eines Treppenlaufes.
Ihre Trittfläche (siehe Abschnitt 2.12) ist bereits Teil des Podestes (siehe Abschnitt 2.8) oder Zwischenpodestes (siehe Abschnitt 2.9).

5.1.3 Ausgleichsstufe
Stufe zwischen zwei Nutzungsebenen mit geringem Höhenunterschied. Mehr als zwei aufeinanderfolgende Ausgleichsstufen bilden bereits einen Treppenlauf.

5.2 Stufenarten nach dem Querschnitt

5.2.1 Blockstufe
Stufe mit rechteckigem oder annähernd rechteckigem Querschnitt (voll oder mit Hohlraum). Dabei ist die Stufenhöhe h annähernd gleich der Steigung s.

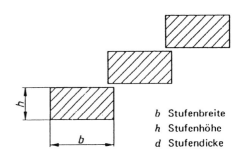

b Stufenbreite
h Stufenhöhe
d Stufendicke

Bild 18. Blockstufe

5.2.2 Plattenstufe
Stufe mit rechteckigem oder annähernd rechteckigem Querschnitt. Dabei ist die Stufendicke d im Gegensatz zur Blockstufe wesentlich geringer als die Steigung s.

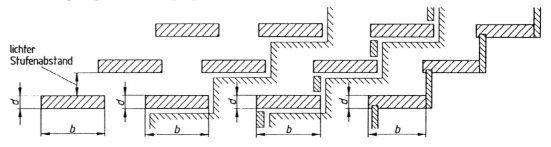

Bild 19. Plattenstufe

5.2.3 Keilstufe/Dreiecksstufe
Stufe mit dreieckigem oder annähernd dreieckigem Querschnitt (voll oder mit Hohlraum).

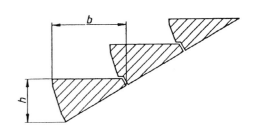

Bild 20. Keilstufe/Dreiecksstufe

5.2.4 Winkel- und L-Stufe
Stufe mit winkelförmigem Querschnit

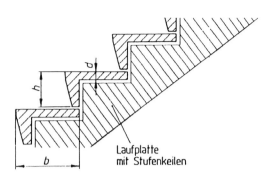

Bild 21. Winkelstufe

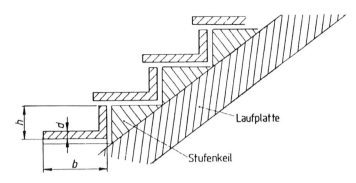

Bild 22. L-Stufe

6 Darstellung, Links- und Rechtsbezeichnung

6.1 Die Darstellung von Treppen, insbesondere die symbolische Darstellung der Lauflinie, ist in DIN 1356 genormt. (Die Überarbeitung der Ausgabe Juli 1974 ist begonnen worden.)

6.2 Treppen werden nach ihrem Drehsinn (Bewegung beim Aufwärtsschreiten) als Links-Treppen oder Rechts-Treppen bezeichnet (siehe DIN 107, Ausgabe April 1974, Abschnitt 6.1).

Weitere Normen
DIN 107 Bezeichnung mit links oder rechts im Bauwesen
DIN 1356 Bauzeichnungen
ISO 3880/I-1977 Hochbau; Treppen; Vokabular, Teil 1.

Erläuterungen

Ziel der Neubearbeitung von DIN 18064 »Treppen: Begriffe, Bezeichnung, Ausführung«, Ausgabe August 1959, und von DIN 18065 Teil 1 »Wohnhaustreppen: Hauptmaße«, Ausgabe Dezember 1957, war die Herausgabe von Normen, die in Übereinstimmung mit bestehenden gesetzlichen Vorschriften (z. B. Bauordnungen der Länder) und bestehenden internationalen Normen sein sollten.

In mehr als fünfjähriger Arbeit entstand die hier vorliegende Norm. Zur Zeit der Herausgabe dieser Begriffs- und Verständigungsnorm ist die Maßnorm DIN 18065 noch in Überarbeitung. Mit DIN 18064 soll zu einer Vereinheitlichung der Begriffe und gleichzeitig in Abschnitt 3 zu eindeutigen Maß- und Meßvorschriften beigetragen werden. Weitere Normen für Treppen sind geplant.

Der Norm-Entwurf DIN 18064 Teil 1 »Treppen: Begriffe, Bezeichnungen« erschien als Ausgabe Mai 1976. Darin wurden neben einigen neuen Begriffen auch Begriffs- und Bezeichnungsveränderungen aufgenommen, die jedoch in der Praxis nicht den notwendigen Widerhall fanden, so daß die jetzt vorliegende Norm keine wesentlichen Begriffsverschiebungen gegenüber der bisherigen DIN 18064, Ausgabe August 1959, enthält.

Der Ausschuß war sich der Tatsache bewußt, daß es nicht möglich ist, alle im Zusammenhang mit Treppen auftretenden Begriffe und Begriffszusammensetzungen normungsmäßig zu erfassen. Es wurde daher eine Beschränkung auf diejenigen Begriffe vorgenommen, für die die Normung eines entsprechenden Begriffsinhaltes im Hinblick auf die Eindeutigkeit von hiermit zusammenhängenden Normen, bauaufsichtlichen Bestimmungen usw. unerläßlich erscheint.

Hieraus resultiert auch die neue Gliederung der Norm in Grundbegriffe, Maßbegriffe, Treppenarten und Stufenarten.

Der Katalog der Grundbegriffe enthält unter anderem alle für den bauaufsichtlichen Bereich notwendigen Definitionen, wie z. B. Geschoßtreppe, notwendige und nicht notwendige Treppe, Lauflinie etc. Verschwommene Begriffe wie Haupt-, Neben- und Nottreppe sind entfallen, da ihre exakte Definition weder möglich noch nötig erschien.

Der Katalog der Maßbegriffe enthält alle jene Maße, die im Rahmen der Planung, Baugenehmigung und Bauabnahme von Bedeutung sind, wobei die Begriffsdefinitionen zugleich die Meßvorschriften liefern. Bei der Definition von Podestbreite und Podesttiefe ist dabei auf die klare Sprache der Zeichnung zurückgegriffen worden.

Die Lauflinie einer Treppe hat besondere Bedeutung, da in ihr laut bauaufsichtlicher Vorschriften (z.B. Verordnung zur Durchführung der Bauordnung für Berlin – BauDVO, § 12 bzw. die entsprechenden §§ der Durchführungsverordnungen zu den Bauordnungen der anderen Bundesländer) das Steigungsverhältnis gemessen wird und dieses sich bei ein und derselben Treppe nicht ändern darf. Die Baupraxis ungezählter gewendelter Treppen zeigt jedoch, daß es hier keine exakte Linie mit konstantem Steigungsverhältnis geben kann, das heißt, daß die bauaufsichtliche Anforderung, bezogen auf eine Lauf-»Linie«, in der normalen Treppenbaupraxis immer unerfüllbar bleibt. Hier läßt sich allenfalls ein Bereich angeben, innerhalb dessen von »praktisch konstantem Steigungsverhältnis« gesprochen werden kann. Derzeit wird versucht, für die Neuausgabe von DIN 18065 hierfür eine praxisgerechte Definition zu finden.

Der Katalog der Treppenarten ist unterteilt in Treppen mit geraden Läufen, Treppen mit gewendelten Läufen sowie in Treppen mit geraden und gewendelten Laufteilen. Die Beispielsammlung der Treppen mit geraden Läufen wurde gegenüber der bisherigen DIN 18064 erheblich reduziert und enthält lediglich noch die häufigsten Konstruktionen. Treppen mit gewendelten Läufen sind in Spindeltreppen, Wendeltreppen und gewendelte Treppen unterteilt.

Der Katalog der Stufenarten ist weitgehend aus der bisherigen Norm übernommen worden.

Die Internationale Norm ISO 3880 Teil 1 wurde weitgehend mit verarbeitet; jedoch kommt für den Arbeitsausschuß eine unveränderte Übernahme als DIN-ISO-Norm in das deutsche Normenwerk nicht in Frage, weil der Inhalt der internationalen Norm zu dürftig für deutsche Verhältnisse ist und hier auf die besonderen Zusammenhänge mit den Gesetzen (z. B. Bauordnungen der Länder und zugehörige Durchführungsverordnungen) Rücksicht genommen werden mußte.

DK 692.61	DEUTSCHE NORM	Juli 1984
	Gebäudetreppen Hauptmaße	DIN 18 065

Stairs in buildings; main dimensions
Escaliers dans les maisons; dimensions principales

Ersatz für
DIN 18065 T 1/12.57

Diese Norm ist den Obersten Bauaufsichtsbehörden vom Institut für Bautechnik, Berlin, zur bauaufsichtlichen Einführung empfohlen worden.

Diese Norm ist wegen des Zusammenhanges mit den Bauordnungen der Länder derzeit noch nicht uneingeschränkt anwendbar. Sie widerspricht in einigen Bundesländern Maßen für Treppen, die in den Durchführungsverordnungen (DVO's) zu den Landesbauordnungen getroffen wurden (siehe auch Erläuterungen). Der jeweilige Sachverhalt ist vom Anwender der Norm zu prüfen.

»Nur für Unterrichtszwecke lt. DIN-Merkblatt 4«.
Maße in cm, Universitätsbibliothek Hannover

1 Anwendungsbereich

Diese Norm gilt für Treppen in und an Gebäuden, soweit für diese keine Sondervorschriften bestehen[1]).

2 Anforderungen

2.1 Treppenlaufbreite, Steigung, Auftritt

In Tabelle 1 sind maßliche Anforderungen an Treppen festgelegt. Die Nennmaße (Sollmaße) für Treppen sind unter Berücksichtigung der nach Abschnitt 4 angegebenen Toleranzen zu planen.

2.2 Podesttiefe

Die nutzbare Podesttiefe muß mindestens der nutzbaren Treppenlaufbreite nach Tabelle 1, Spalte 4, entsprechen.

2.3 Zwischenpodest

Nach höchstens 18 Stufen soll ein Zwischenpodest angeordnet werden.

2.4 Lichte Treppendurchgangshöhe

Die lichte Treppendurchgangshöhe muß mindestens 200 cm betragen (siehe Bild 1).

Bei Treppen nach Tabelle 1, Zeilen 1 bis 4, darf die lichte Treppendurchgangshöhe auf einen einseitigen oder beidseitigen Randstreifen der Treppe von höchstens 25 cm Breite entsprechend Bild 1 eingeschränkt sein. Dies gilt auch für Treppen zu einem Dachraum ohne Aufenthaltsräume in sonstigen Gebäuden (siehe Tabelle 1, Zeilen 5 und 6).

2.5 Steiltreppen

Bei Wohngebäuden mit nicht mehr als zwei Wohnungen dürfen anstelle von einschiebbaren Treppen oder Leitern als Zugang zu einem Dachraum ohne Aufenthaltsräume auch Steiltreppen mit versetzten Auftritten mit einer nutzbaren Treppenlaufbreite von mindestens 50 cm und höchstens 70 cm verwendet werden. Es wird empfohlen, beidseitig Handläufe anzuordnen.

2.6 Wandabstand

Der Abstand darf auf der Wandseite der Treppenläufe und Treppenpodeste sowie auf der Seite der Umwehrung nicht mehr als 6 cm betragen (siehe Bild 1).

---

[1]) Solche Sondervorschriften können z. B. sein:
Arbeitsstättenverordnung (bundeseinheitliches Arbeitsstättenrecht) sowie die sogenannten Sonderbauverordnungen und Richtlinien (nach Landesrecht unterschiedlich) für
- Versammlungsstätten (Versammlungsstättenverordnung)
- Geschäftshäuser (Geschäftshausverordnung)
- Krankenhäuser (Krankenhausbauverordnung)
- Gaststätten (Gaststättenbauverordnung)
- Garagen (Garagenverordnung)
- Schulbauten (Schulbaurichtlinien)
- Hochhäuser (Hochhausrichtlinien)

Fortsetzung Seite 2 bis 7
Normenausschuß Bauwesen (NABau) im DIN Deutsches Institut für Normung e. V.

2.7 Unterschneidung
Treppen ohne Setzstufen (»offene Treppen«) sowie Treppen mit Auftritten ≤ 26 cm – gemessen in der Lauflinie – sind um mindestens 3 cm zu unterschneiden.

2.8 Wendelstufen
In Wohngebäuden mit nicht mehr als zwei Wohnungen und innerhalb von Wohnungen müssen Wendelstufen an der schmalsten Stelle einen Mindestauftritt von 10 cm im Abstand von 15 cm von der inneren Begrenzung der nutzbaren Treppenlaufbreite haben; dies gilt nicht für Spindeltreppen.
In sonstigen Gebäuden müssen Wendelstufen an der inneren Begrenzung der nutzbaren Treppenlaufbreite einen Auftritt von mindestens 10 cm haben.

2.9 Umwehrung/Geländer
2.9.1 Geländer müssen mindestens 90 cm, bei Absturzhöhen von mehr als 12 m jedoch mindestens 110 cm hoch sein, gemessen über Stufenvorderkante (bzw. Oberfläche Podest); dies gilt nicht für Treppenaugen ≤ 20 cm.

2.9.2 In Gebäuden, in denen mit der Anwesenheit von Kindern zu rechnen ist, sind Geländer so zu gestalten, daß ein Überklettern des Geländers (»Leitereffekt«) durch Kleinkinder erschwert wird.
Dabei darf der Abstand von Geländerteilen in einer Richtung nicht mehr als 12 cm betragen. Dies gilt nicht für Wohngebäude mit nicht mehr als zwei Wohnungen (siehe Tabelle 1, Zeilen 1 bis 4).

Tabelle 1. Maßliche Anforderungen

	1	2	3	4	5	6
	Gebäudeart	Treppenart		Nutzbare Treppenlaufbreite mindest.	Steigung s [2])	Auftritt a [3])
1	Wohngebäude mit nicht mehr als zwei Wohnungen[1])	Baurechtlich notwendige Treppen	Treppen, die zu Aufenthaltsräumen führen	80	17 ± 3	$28 ^{+9}_{-5}$
2			Kellertreppen und Bodentreppen, die nicht zu Aufenthaltsräumen führen	80	≤ 21	≥ 21
3		Baurechtlich nicht notwendige (zusätzliche) Treppen, siehe DIN 18 064/11.79, Abschnitt 2.5		50	≤ 21	≥ 21
4	Baurechtlich nicht notwendige (zusätzliche) Treppen innerhalb geschlossener Wohnungen			50	keine Festlegung	
5	Sonstige Gebäude	Baurechtlich notwendige Treppen		100	$17 ^{+2}_{-3}$	$28 ^{+9}_{-2}$
6		Baurechtlich nicht notwendige (zusätzliche) Treppen, siehe DIN 18064/11.79, Abschnitt 2.5		50	≤ 21	≥ 21

[1]) schließt auch Maisonnette-Wohnungen in Gebäuden mit mehr als zwei Wohnungen ein.
[2]) aber nicht < 14 cm
[3]) aber nicht > 37 cm
Festlegung des Steigungsverhältnisses s/a siehe Abschnitt 3.2.

2.10 Handläufe

2.10.1 Handläufe sind in der Höhe so anzubringen, daß sie bequem genutzt werden können. Sie sollen dabei nicht tiefer als 75 cm und dürfen nicht höher als 110 cm angebracht sein, gemessen lotrecht über Stufenvorderkante bis Oberkante Handlauf.

2.10.2 Der lichte Abstand des Handlaufes von benachbarten Bauteilen (z. B. Oberfläche der fertigen Wand) muß mindestens 4 cm betragen (siehe Bild 1).

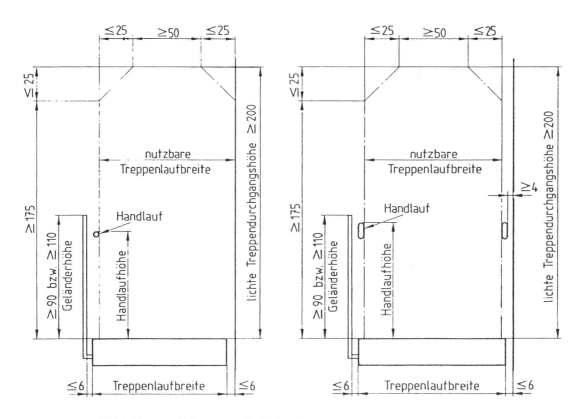

Bild 1. Treppen-Lichtraumprofil, Maße, Benennungen

3 Maßbegriffe
Anmerkung: In diesem Abschnitt werden Maßbegriffe definiert, also nicht Maßangaben gemacht. (Hierfür ist eine Norm in Vorbereitung – derzeit siehe DIN 18065 Teil 1, Ausgabe Dezember 1957, und Durchführungsverordnungen zu den Landes-Bauordnungen).
Die Definition des Maßbegriffes bedeutet damit gleichzeitig eine Meßvorschrift.

3.1 Treppensteigung (E rise; F hauteur de marche)
Lotrechtes Maß s von der Trittfläche einer Stufe zur Trittfläche der folgenden Stufe (siehe Bild 1).

3.2 Das Steigungsverhältnis kann mit Hilfe der Schrittmaßregel
$$2s + a = 59 \text{ bis } 65 \text{ cm}$$
geplant werden.
Dabei bedeuten:
s   Steigung
a   Auftritt
59 bis 65 cm mittlere Schrittmaßlänge des Menschen.

4 Toleranzen

Das Istmaß von Steigung s und Auftritt a innerhalb eines (fertigen) Treppenlaufes darf gegenüber dem Nennmaß (Sollmaß) um nicht mehr als 0,5 cm abweichen (siehe Bild 2).

Von Stufe zur jeweils benachbarten Stufe darf die Abweichung der Istmaße untereinander dabei jedoch nicht mehr als 0,5 cm betragen.

Für vorgefertigte Treppenläufe in Wohngebäuden mit nicht mehr als zwei Wohnungen darf das Istmaß der Steigung der Antrittstufe höchstens 1,5 cm vom Nennmaß (Sollmaß) abweichen (siehe Bild 2).

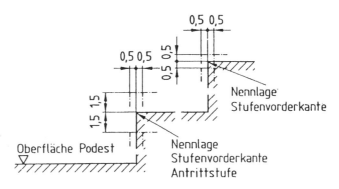

Bild 2. Toleranzen der Lagen der Stufenvorderkanten

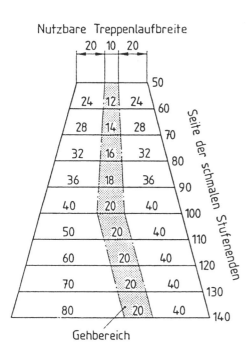

Bild 3. Diagramm des Gehbereiches für gewendelte Treppen sowie für Treppen, die sich aus geraden und gewendelten Laufteilen zusammensetzen

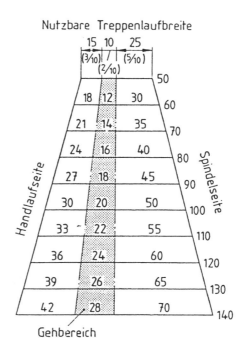

Bild 4. Diagramm des Gehbereiches für Spindeltreppen

5 Gehbereich, Lauflinie bei gewendelten Läufen

5.1 Bei nutzbaren Treppenlaufbreiten bis 100 cm (siehe Bilder 5 bis 8) hat der Gehbereich eine Breite von 2/10 der nutzbaren Treppenlaufbreite und liegt im Mittelbereich der Treppen. Krümmungsradien der Begrenzungslinien des Gehbereiches müssen mindestens 30 cm betragen.

5.2 Bei nutzbaren Treppenlaufbreiten über 100 cm – außer bei Spindeltreppen – beträgt die Breite des Gehbereiches 20 cm. Der Abstand des Gehbereiches von der inneren Begrenzung der nutzbaren Treppenlaufbreite beträgt 40 cm.

5.3 Bei Spindeltreppen (siehe Bild 8) beträgt der Gehbereich 2/10 der nutzbaren Treppenlaufbreite. Die innere Begrenzung des Gehbereiches liegt in der Mitte der Treppenlaufbreite.

5.4 Der Auftritt ist in der Lauflinie zu messen. Im Krümmungsbereich der Lauflinie ist der Auftritt gleich der Sehne, die sich durch die Schnittpunkte der gekrümmten Lauflinie mit den Stufenvorderkanten ergibt.

5.5 Die Lauflinie kann vom Treppenplaner bei Treppen mit gewendelten Läufen (siehe DIN 18064/11.79, Abschnitt 4.2 und Abschnitt 4.3) frei innerhalb des Gehbereiches gewählt werden. Sie ist stetig und hat keine Knickpunkte. Ihre Richtung entspricht der Laufrichtung der Treppe.

5.6 Krümmungsradien der Lauflinie müssen mindestens 30 cm betragen.

5.7 Die Bilder 5 bis 8 sind Anwendungsbeispiele zur Lage des Gehbereiches.

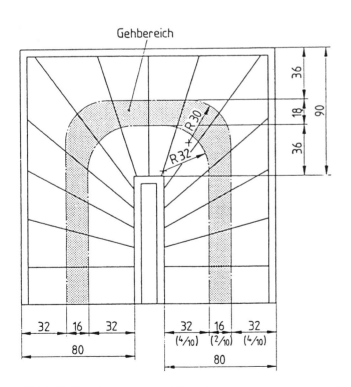

Bild 5. Gehbereich bei gewendeltem Lauf

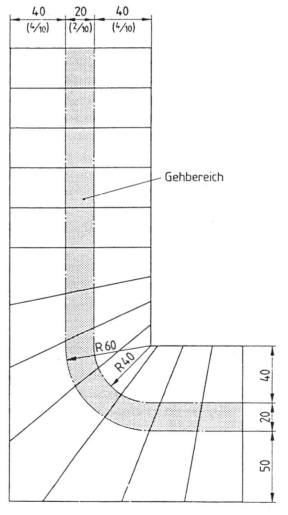

Bild 6. Gehbereich bei gewendeltem Lauf

Anmerkung: Die dargestellte Stufenverziehung ist lediglich beispielhaft. Nach Wahl der Lauflinie sind die handwerklichen Verziehungsregeln (siehe einschlägige Fachbücher) zur Erzielung sicher begehbarer und gut gestalteter Treppen zu beachten

Zitierte Normen und andere Unterlagen
DIN 18064 Treppen; Begriffe
Arbeitsstättenverordnung
Sonderbauverordnungen und Richtlinien der Länder

Weitere Normen
DIN 18024 Teil 2 Bauliche Maßnahmen für Behinderte und alte Menschen im öffentlichen Bereich;
Planungsgrundlagen; öffentlich zugängige Gebäude
DIN 18202 Teil 1 Maßtoleranzen im Hochbau; Zulässige Abmaße für die Bauausführung, Wand- und Deckenöffnungen, Nischen, Geschoß- und Podesthöhen
DIN 33402 Teil 1 Körpermaße des Menschen; Begriffe, Meßverfahren

Frühere Ausgaben
DIN 18065 Teil 1 : 12.57

Änderungen
Gegenüber DIN 18065 Teil 1/12.57 wurden folgende Änderungen vorgenommen:
a) Norm vollständig überarbeitet und mit der im Dezember 1981 verabschiedeten »neuen« Musterbauordnung (MBO) abgestimmt.
b) Zeichnungen neu gestaltet.

Erläuterungen
In der Vorbemerkung zu dieser Norm wird darauf verwiesen, daß der Anwender der Norm prüfen muß, ob die Norm mit ihren maßlichen Festlegungen in einem bestimmten Bundesland schon anwendbar ist. Zum Zeitpunkt der Herausgabe dieser Norm sind erst einige Bundesländer dabei, ihre Bauordnungen auf der Basis der »neuen« Musterbauordnung (MBO) in der Fassung vom 11. Dezember 1981 zu novellieren. Bei der Abfassung der Musterbauordnung wurde auf die Festlegung von Maßen für Treppen weitgehend verzichtet. Maßliche Festlegungen für Treppen – abgestimmt mit den Obersten Baubehörden der Länder – sollten dagegen in der zu überarbeitenden Norm DIN 18065 getroffen werden. Einige Bundesländer erkärten ihre Absicht, die neue Norm DIN 18065 mit den Hauptmaßen für Gebäudetreppen dann als technische Baubestimmung einführen zu wollen.

Die Norm hat in dieser jetzt vorliegenden Form die Zustimmung des Allgemeinen Ausschusses und der Fachkommission »Bauaufsicht« der ARGEBAU gefunden (ARGEBAU = Arbeitsgemeinschaft der für das Bau-, Wohnungs- und Siedlungswesen zuständigen Minister der Länder).

Mit den in Tabelle 1 und an anderer Stelle der Norm angegebenen Grenzmaßen will der NABau-Arbeitsausschuß »Treppen« nicht zum Ausdruck bringen, daß diese Maße Regelmaße darstellen für gute oder gar ideale Treppen. Diese kann der Treppenplaner in eigener Verantwortung frei festlegen. Der Gestaltungsfreiheit für Treppen sind daher im Rahmen dieser Norm sehr weite Grenzen gesteckt.

Internationale Patentklassifikation
E 04 F 11-00

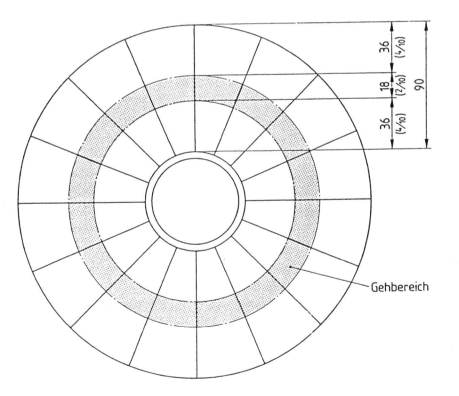

Bild 7. Gehbereich bei Wendeltreppen, Kreiswendel

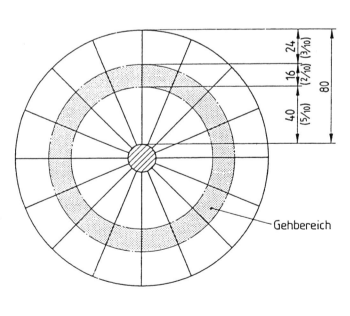

Bild 8. Gehbereich bei Spindeltreppen

9.2 Richtlinien, Gesetze und Vorschriften

Auszug aus der Musterbauordnung
Fassung Mai 1990

Fünfter Abschnitt
Treppen, Rettungswege, Aufzüge und Öffnungen

§ 31
Treppen

(1) Jedes nicht zu ebener Erde liegende Geschoß und der benutzbare Dachraum eines Gebäudes müssen über mindestens eine Treppe zugänglich sein (notwendige Treppe); weitere Treppen können gefordert werden, wenn die Rettung von Menschen im Brandfall nicht auf andere Weise möglich ist. Statt notwendiger Treppen können Rampen mit flacher Neigung gestattet werden.

(2) Einschiebbare Treppen und Rolltreppen sind als notwendige Treppen unzulässig. Einschiebbare Treppen und Leitern sind bei Wohngebäuden mit nicht mehr als zwei Wohnungen als Zugang zu einem Dachraum ohne Aufenthaltsräume zulässig; sie können als Zugang zu sonstigen Räumen, die keine Aufenthaltsräume sind, gestattet werden, wenn wegen des Brandschutzes Bedenken nicht bestehen.

(3) Notwendige Treppen sind in einem Zuge zu allen angeschlossenen Geschossen zu führen; sie müssen mit den Treppen zum Dachraum unmittelbar verbunden sein. Dies gilt nicht für Gebäude geringer Höhe.

(4) Die tragenden Teile notwendiger Treppen müssen feuerbeständig sein. Bei Gebäuden geringer Höhe müssen sie aus nichtbrennbaren Baustoffen bestehen oder mindestens feuerhemmend sein; dies gilt nicht für Wohngebäude geringer Höhe mit nicht mehr als zwei Wohnungen.

(5) Die nutzbare Breite der Treppen und Treppenabsätze notwendiger Treppen muß mindestens 1 m betragen. In Wohngebäuden mit nicht mehr als zwei Wohnungen und innerhalb von Wohnungen genügt eine Breite von 80 cm. Für Treppen mit geringer Benutzung können geringere Breiten gestattet werden.

(6) Treppen müssen mindestens einen festen und griffsicheren Handlauf haben. Bei großer nutzbarer Breite der Treppen können Handläufe auf beiden Seiten und Zwischenhandläufe gefordert werden.

(7) Die freien Seiten der Treppen, Treppenabsätze und Treppenöffnungen müssen durch Geländer gesichert werden. Fenster, die unmittelbar an Treppen liegen und deren Brüstungen unter der notwendigen Geländerhöhe liegen, sind zu sichern.

(8) Treppengeländer müssen mindestens 90 cm, bei Treppen mit mehr als 12 m Absturzhöhe mindestens 1,1 m hoch sein.

(9) Eine Treppe darf nicht unmittelbar hinter einer Tür beginnen, die in Richtung der Treppe aufschlägt; zwischen Treppe und Tür ist ein Treppenabsatz anzuordnen, der mindestens so tief sein soll, wie die Tür breit ist.

§ 32
Treppenräume

(1) Jede notwendige Treppe muß in einem eigenen, durchgehenden und an einer Außenwand angeordneten Treppenraum liegen. Innenliegende Treppenräume können gestattet werden, wenn ihre Benutzung durch Raucheintritt nicht gefährdet werden kann und wegen des Brandschutzes Bedenken nicht bestehen. Für die innere Verbindung von Geschossen derselben Wohnung sind innenliegende Treppen ohne eigenen Treppenraum zulässig, wenn in jedem Geschoß ein anderer Rettungsweg erreicht werden kann.

(2) Von jeder Seite eines Aufenthaltsraumes sowie eines Kellergeschosses muß der Treppenraum mindestens einer notwendigen Treppe oder ein Ausgang ins Freie in höchstens 35 m Entfernung erreichbar sein. Sind mehrere Treppen erforderlich, so sind sie so zu verteilen, daß die Rettungswege möglichst kurz sind.

(3) Jeder Treppenraum nach Absatz 1 muß auf möglichst kurzem Wege einen sicheren Ausgang ins Freie haben. Der Ausgang muß mindestens so breit sein wie die zugehörigen Treppen und darf nicht eingeengt werden. Verkleidungen, Dämmstoffe und Einbauten aus brennbaren Baustoffen sind in Treppenräumen und ihren Ausgängen ins Freie unzulässig.

(4) In Geschossen mit mehr als vier Wohnungen oder Nutzungseinheiten vergleichbarer Größe müssen allgemein zugängliche Flure angeordnet sein, die vom Treppenraum rauchdicht abgeschlossen sind.

(5) Übereinanderliegende Kellergeschosse müssen mindestens zwei getrennte Ausgänge haben. Von je zwei Ausgängen jedes Kellergeschosses muß mindestens einer unmittelbar oder durch einen eigenen, an einer Außenwand liegenden Treppenraum ins Freie führen. Auf eigene Treppenräume für jedes Kellergeschoß kann verzichtet werden, wenn wegen des Brandschutzes Bedenken nicht bestehen.

(6) Die Wände von Treppenräumen notwendiger Treppen und ihre Ausgänge ins Freie müssen in der Bauart von Brandwänden (§ 28 Abs. 5) hergestellt sein; bei Gebäuden geringer Höhe müssen sie feuerbeständig sein. Dies gilt nicht, soweit die Wände der Treppenräume Außenwände sind, aus nichtbrennbaren Baustoffen bestehen und durch andere Wandöffnungen im Brandfall nicht gefährdet werden können. Verkleidungen in Treppenräumen notwendiger Treppen müssen aus nichtbrennbaren Baustoffen bestehen.

(7) Der obere Abschluß des Treppenraumes muß feuerbeständig, bei Gebäuden geringer Höhe mindestens feu-

erhemmend sein. Dies gilt nicht für obere Abschlüsse gegenüber dem Freien.

(8) Öffnungen zwischen Treppenräumen und Kellergeschossen, nicht ausgebauten Dachräumen, Werkstätten, Läden, Lagerräumen und ähnlichen Räumen müssen mit mindestens feuerhemmenden, selbstschließenden Abschlüssen versehen sein. Öffnungen zwischen Treppenräumen und allgemein zugänglichen Fluren müssen mit rauchdichten Abschlüssen versehen sein. Alle anderen Öffnungen, die nicht ins Freie führen, müssen außer in Gebäuden geringer Höhe dichtschließende Türen erhalten.

(9) Treppenräume müssen zu lüften und zu beleuchten sein. Treppenräume, die an einer Außenwand liegen, müssen in jedem Geschoß Fenster von mindestens 60 cm x 90 cm erhalten, die geöffnet werden können. Innenliegende Treppenräume müssen in Gebäuden mit mehr als fünf oberirdischen Geschossen eine von der allgemeinen Beleuchtung unabhängige Beleuchtung haben.

(10) In Gebäuden mit mehr als fünf oberirdischen Geschossen und bei innenliegenden Treppenräumen ist an der obersten Stelle des Treppenraumes eine Rauchabzugsvorrichtung mit einer Größe von mindestens 5 v. H. der Grundfläche, mindestens jedoch von 1 m² anzubringen, die vom Erdgeschoß und vom obersten Treppenabsatz zu öffnen sein muß. Es kann verlangt werden, daß die Rauchabzugsvorrichtung auch von anderen Stellen aus bedient werden kann. Ausnahmen können gestattet werden, wenn der Rauch auf andere Weise abgeführt werden kann.

(11) Auf Wohngebäude mit nicht mehr als zwei Wohnungen sind die Absätze 1 bis 10 nicht anzuwenden.

9.3 Zeitschriften, Produktinformationen und Adressen

Scalacogia:
Schriften zur Treppenforschung
Arbeitsstelle für Treppenforschung
Hünenring 14
91809 Weilheim-Konstein

Treppenzeitschrift:
Treppen und Geländer (leider eingestellt)

Betonwerkstein:
Informationsgemeinschaft
Betonwerkstein e. V.
Biebricher Str. 74
65203 Wiesbaden

Holz:
Informationsdienst Holz
– Holztreppen
– Holztreppen vom Zimmerhandwerk
– Innentreppen aus Holz
– Handwerkliche Holztreppen

Arbeitsgemeinschaft Holz e. V.
Füllenbachstraße 6
40474 Düsseldorf

Stahl:
Merkblatt 193 Geradläufige Treppen
Merkblatt 205 Schraubenlinienläufige Treppen
Merkblatt 155 Innentreppen
Merkblatt 255 Außentreppen
Merkblatt 355 Entwurfshilfen für Stahltreppen
Stahl-Informations-Zentrum
Postfach 104842
40039 Düsseldorf

Ziegel:
Ziegel-Beratung
Am Zehnthof 197–203
45307 Essen

Schallschutz:
Die Schallschutzbelange wurden freundlicherweise unter Mitwirkung von Herrn Dipl.-Ing. Carsten Ruhe, Hamburg-Halstenbek ergänzt

9.4 Literaturnachweis

Daidalos, Nr. 9:
Treppen / Stairs,
Berlin 1983

Darmstadt, Technische Hochschule,
Fachbereich Architektur,
Fachgebiet Entwerfen und Hochbaukonstruktion
(Hrsg.): Treppen und mechanische Fördereinrichtungen,
2/1974

Dirks, K., Schneider, K.-J.:
Baukonstruktion,
Düsseldorf 1986

Frick/Knöll, Neumann/Weinbrenner:
Baukonstruktionslehre, Bd. 2,
Stuttgart 1988

Giedion, Sigfried:
Raum, Zeit, Architektur,
Ravensburg 1965

Grün, Ingo:
Die schallgedämmte Treppe,
in: Detail, Nr. 4/1984

Herrenberger, Justus: Treppen
Technische Universität Braunschweig,
Lehrstuhl für Baukonstruktion

Lauter, Wolfgang:
Treppen, Die bibliophilen Taschenbücher,
Dortmund 1984

Leder, G.:
Treppen, Hochbaukonstruktionen, Bd. 4,
Berlin 1987

Mannes, Willibald:
Treppen und Geländer,
Stuttgart 1971

Meyer-Bohe, Walter:
Treppen, Elemente des Bauens, Bd. 8,
Stuttgart 1983

Mielke, Friedrich:
Die Geschichte der deutschen Treppe,
Berlin 1966

Mielke, Friedrich:
Treppen zwischen Tauber, Rezat und Altmühl,
Treuchtlingen 1985

Pracht, Klaus:
Treppen,
Stuttgart 1986

Reitmeyer, Ulrich:
Holztreppen in handwerklicher Konstruktion,
Stuttgart 1991

Ruhe, Carsten:
Treppe im Mehrfamilienhaus
Zwei Berichte aus DAB, Deutsches Architektenblatt,
Heft 7/1995

Schmitt, Heinrich:
Hochbaukonstruktion,
Wiesbaden 1980

Schuster, Franz:
Treppen aus Stein, Holz und Eisen,
Stuttgart 1949

Schuster, Franz:
Treppen. Entwurf, Konstruktion und Gestaltung,
Stuttgart 1964

Steinrueck, R.:
Leitern und Treppen in Stahl,
Lübeck 1965

Wendehorst, R.:
Baustoffkunde,
Hannover 1975

9.5 Bildnachweis

Soweit feststellbar, stammen die abgebildeten Aufnahmen von folgenden Fotografen oder aus den genannten Quellen:

Arbeitsgemeinschaft Holz e.V., Düsseldorf: 22 u.r., 88 u.r., 98. 100. 104. 119, 120 u.l., o.r., 122 l., 123 u.r., 124
Bauwelt, Nr. 4/1986: 20
Behnisch und Partner, Stuttgart: 22 o., 80, 11, 144, 146 o.r., u., 129, 153 o.
Bienefeld, Heinz, Swisttal-Ollheim: 79 r., 84, 86 l., 137
Brauckmann, Schöpping: 147 u., 152 r., 153 u.r., 154 o.l., u.l.
Bryant, Richard, London: 136 l.
Burri, René, Lonbreuil: 21
Daidalos, Nr. 9/1983: 14, 15 u.
Deutsche Verlags-Anstalt, Stuttgart: 13 u.
Domus, Nr. 695: 59
Eisele + Fritz, Darmstadt: 20
Erdmann, Andrea, Hamburg: 11
Güthlein, Kress + Johannes, Erlangen: 122 r.
HACA-Treppen, Bad Camberg: 132, 133
Heiermann, Dorothea, Köln: 150, 155
Hoffmann Verlag, Stuttgart: 12, 13, 16, 17
Kleihues, Josef Paul, Berlin: 72, 138, 141 M.
Kinold, Klaus, München: Umschlagfoto, 69 o.l., 78 r., 142 l., 143 u.l., 147 l.
Krase, Waltraud, München: 23 o.
Küttinger, Georg, München: 23 u., 25, 81, 113, 120, 121, 123 o.r. + l., u.l., 142 r., 146 l.
Leistner-Foto, Herzog-Loibl, München: 156
Mechau, Thilo, Ettingen: 15 o.
Neubert, Sigrid, München: 69 u.r.
Parade + Partner, Düsseldorf: 22 u.l., 46, 70, 77, 79 l., 82 u., 144 o., 145
Pro + Co/Hark-Treppen, Bielefeld: 125, 134 o. + u.r., 143 r., 151 o. + r., 152 o.l. + u., 153 l.
Schunck + Partner, München, 24, 43
Technische Universität Hannover, Institut für Bautechnik + Entwerfen: 16 r., 17 u.r., 18 u. + r., 27 l., 69 o.r., 72 l. + u., 82 o., 83 o.l., 87 u., 119 u., 140 u.
Versnel, Jan + Fridjof, Amsterdam: 151 u.
Weissen, Norbert, Bremen: 11 o.r., 16 o., 17 o., 33
Widmann, Sampo, München: 147 o.r.
Wilson, Peter, London: 89